Paramahamsa Prajnanananda
Shriyukteshwar

Paramahamsa Prajnanananda

Shriyukteshwar

Der Meister von Yogananda

Aquamarin Verlag

1. Auflage 2013
© der deutschen Ausgabe:
Aquamarin Verlag GmbH
Voglherd 1 • D-85567 Grafing
www.aquamarin-verlag.de

© 1999 der Originalausgabe: Prajnana Mission, Cuttack
© 2010 der Zweiten Ausgabe: Prajnana Mission, Cuttack

Übersetzung aus dem Englischen: Dr. Edith Zorn

Umschlaggestaltung: Annette Wagner
Druck: C.H. Beck • Nördlingen

ISBN 978-3-89427-621-8

WIDMUNG

„Ehre den Ganges mit den Wassern des Ganges", sagt ein bengalisches Sprichwort. In gleichem Sinne möge dieses Buch, das vom Leben und der Lehre eines großen Heiligen des modernen Indien handelt, ihm zu Füßen gelegt werden. Er prägte das spirituelle Leben von Paramahamsa Yoganandaji, Swami Satyanandaji, meinem Gurudev Baba Hariharanandaji und das vieler anderer. Durch sie überbrachte er Millionen Menschen auf der Welt die Botschaft von einem neuen Leben. Und dies ist Swami Shriyukteshwar Giri, die Inkarnation der Weisheit.

In Liebe
Prajnanananda

DANK

Die vorliegende Ausgabe beruht auf einer Umgestaltung der ersten Ausgabe. Zahlreiche Schüler des Kriya Yoga haben ihre Zeit und ihr Talent selbstlos eingebracht, um das Buch neu zu gestalten. Der Segen Gottes und der Meister möge stets auf ihnen ruhen.

In Liebe
Prajnanananda

Inhalt

Vorwort zur zweiten Auflage 11
Vorwort zur ersten Auflage 13
Der Meister verlässt seinen Körper 15

Kapitel 1	Lebensbeginn 19
Kapitel 2	Zu Füßen des Meisters 32
Kapitel 3	Die Blume erblüht 42
Kapitel 4	Missionstätigkeit 53
Kapitel 5	Von Priyanath zu Shriyukteshwar 66
Kapitel 6	Praktische Lehren 80
Kapitel 7	Der Baum und die Früchte 91
Kapitel 8	Vision 106
Kapitel 9	Swami Shriyukteshwar und Shri Radharaman Dev 112
Kapitel 10	Ein Leben im Ashram 118
Kapitel 11	Der Westen – Vision und Begegnung 123
Kapitel 12	Eine Wende im kosmischen Spiel 131
Kapitel 13	Die Lehren des Swami Shriyukteshwar 142

Anhang
Lebensdaten 159
Sanskrit-Begriffe 161
Der Verfasser 171
Zentren 174

VORWORT ZUR ZWEITEN AUFLAGE

Swami Shriyukteshwar inkarnierte sich auf dieser Erde vor über einhundertfünfzig Jahren. Sein Lebenswerk und seine Lehren lassen die Herzen ernsthaft geistig Suchender immer noch höher schlagen. Drei seiner vielen Schüler sind in der ganzen Welt bestens bekannt: Paramahamsa Yogananda, Swami Satyananda und Paramahamsa Hariharananda. Während Swami Satyanandaji sein Leben lang in Indien weilte, verließen die beiden anderen das Land, um der Menschheit die Botschaft des Kriya Yoga durch die Ausübung der Meditation zu vermitteln. Insgesamt verbrachten sie auf physischer Ebene zweiundachtzig Jahre im Westen (von 1920, als Yoganandaji in den Westen kam, bis 2002, als Gurudev Hariharanandaji *mahasamadhi* erlangte), um die Vision ihres Meisters weiterzutragen.

Das Leben der verwirklichten Meister ist ein Geheimnis. Der menschliche Geist vermag es kaum zu erfassen und in Worte zu kleiden. Hinzu kommt, dass sie kaum etwas von ihrem Leben preisgeben, da sie kein Aufsehen erregen möchten. Für den geistig Suchenden aber wirkt das Leben großer Seelen richtungsweisend und inspirierend. Die Meister geben den Rat, dass man zunächst versuchen solle, ihre Lebensführung und ihre Auseinandersetzung mit den verschiedenen Prüfungen zu verstehen, bevor man sich bemüht, ihren Lehren zu folgen. Ob es sich dabei um das in den Evangelien festgehaltene Leben Jesu handelt oder das von seinen Schülern aufgezeichnete Leben des Shri Adi Shankara, in jedem Fall birgt es, trotz der knappen Schilderungen, eine wesentliche Botschaft für die Menschheit und weist den Weg zur Vollkommenheit.

Swami Shriyukteshwar galt als strenger Meister. Aber diejenigen, die mit ihm lebten, wussten, dass sich hinter dieser Strenge reine Liebe verbarg. Swami Satyanandaji schrieb ein kleines Buch in Bengali über das Leben von Shriyukteshwar. Später beschrieb Paramahamsa Yogananda in seinem Buch *Autobiographie eines Yogi* die Zeit mit seinem geliebten Meister. Diese beiden Bücher haben Licht auf das Leben des großen Gurus geworfen.

Der Autor besaß die Möglichkeit, mit zwei unmittelbaren Schülern von Swami Shriyukteshwar zu leben, seinem eigenen Gurudev Paramahamsa Hariharanandaji und Swami Narayan Giri, dem persönlichen *sevaka* (Diener) von Swami Shriyukteshwar. Außerdem begegnete er Satyeshwar Manna, Dharanidhar Pakhari und Swami Shuddhananda Giri, dem jüngeren Bruder von Swami Satyananda, die eng mit Swami Shriyukteshwar verbunden waren und vieles über ihn zu berichten wussten.

Vorliegendes Buch bildet eine Zusammenfassung von Leben und Lehre des erhabenen Meisters. Zur Abhandlung seiner Lehre haben drei Bücher maßgeblich beigetragen: Swami Shriyukteshwar – *Kaivalya Darshana* (Die heilige Wissenschaft); *Shrimad Bhagavad Gita*, eine spirituelle Erläuterung, sowie *Gita Tattwa*, ein Büchlein über die Gita.

Seit der ersten Edition dieses Buches sind zehn Jahre vergangen. Die vorliegende zweite Auflage enthält neben weiteren Informationen einige Fotos. Dieses Buch wird den geistig Suchenden gewiss bei seinem Streben nach *sadhana* unterstützen.

VORWORT ZUR ERSTEN AUFLAGE

Ein Schüler fragte Shriyukteshwar, warum er nicht sorgfältiger auf seine Gesundheit achte. Dieser antwortete: „Ich habe keine Zeit zum Atmen, keine Zeit, mit den Augen zu blinzeln." Seine Sehnsucht nach geistiger Entwicklung war so groß, dass er für nichts anderes Zeit fand. Das Hauptziel des Menschen soll die Spiritualität sein, nicht die Jagd nach vergänglichen Freuden. Dies war die Botschaft seines Lebens.

Seine Disziplin und sein strenges Training gestalteten das Leben zahlreicher bekannter Schüler, insbesondere das von Paramahamsa Yogananda, dessen Lehre zu einer Wiedergeburt des Göttlichen in den Herzen unzähliger Menschen in Ost und West führte. Ein anderer ergebener Schüler, Paramahamsa Hariharananda, hat im Westen bis vor Kurzem die Lehre des Kriya Yoga verbreitet.

Shriyukteshwars Leben umfasste alle vier in den Veden aufgeführten Stufen des spirituellen Pfades. Zuerst war er ein zölibatär lebender Schüler, dann Familienvater, später ein unvoreingenommener Beobachter und schließlich ein völlig Entsagender, ein Mönch. Sein Leben und seine Lehren inspirieren jeden aufrichtigen Schüler auf dem Pfad, der danach strebt, Verwirklichung zu erlangen.

In tiefster Ergebenheit sei dieses Buch ihm zu Füßen gelegt, am 9. März, dem Tag seines *mahasamadhi*.

27. Mai 1999
Prajnanananda

DER MEISTER VERLÄSST SEINEN KÖRPER

Am Montag, dem 9. März 1936, nachmittags, etwa um fünf Uhr, im Karar-Ashram in Puri, rief Swami Shriyukteshwar nach seinem Schüler, einem jungen Mönch: „Narayan! Narayan!" Narayan, der stets in der Nähe seines Meisters weilte, lief zu ihm. Diesem erklärte er: „Meine Zeit ist gekommen, Narayan. Ich werde mich von der Welt verabschieden. Heute werde ich diesen Körper verlassen!" Zutiefst beunruhigt, vermochte Narayan seinen Kummer nicht zu verbergen. Shriyukteshwar bat ihn: „Bring mir ein Glas Wasser?" Rasch holte Narayan ein Glas Wasser. Als er es dem Meister reichte, fiel es zu Boden.

Voller Mitgefühl meinte Swami Shriyukteshwar: „Hast du bemerkt, wie ich mich von dir entferne, Narayan? Sei nicht betrübt. Deine Liebe, dein Dienst und deine Hingabe für deinen Guru sind unvergleichlich. Ich bin sehr zufrieden mit dir. Unsere Beziehung ist für die Ewigkeit."

Die Abenddämmerung näherte sich, und Dunkelheit stieg herauf. Bei Sonnenuntergang rief Swami Shriyukteshwar nach einem Mann namens Krutivasa: „Krutivasa, laufe rasch zum Bahnhof von Puri und bitte Prabhas, Yogananda, der sich in Kolkata aufhält, Bescheid zu geben, dass ich heute Nacht meinen Körper verlassen werde. Er kann mit dem Nachtzug nach Puri kommen. Es ist an der Zeit zu gehen." (Prabhas Ghosh, ein Cousin von Paramahamsa Yogananda, war leitender Angestellter bei der Bahn. Da es damals noch keine direkten Telefonverbindungen gab, mussten die Nachrichten von Station zu Station weitergeleitet werden. Sobald die Nachricht Prabhas in Kharagpur erreichte, informierte er Paramahamsa Yogananda, und er traf noch in derselben Nacht Vorbereitungen für dessen Abreise.) Obwohl Yogananda die Botschaft erhalten hatte, wusste er nichts von der Ankündigung des Meisters, dass er seinen Körper verlassen werde.

Swami Shriyukteshwar saß im Lotossitz auf seinem schmalen Bett. Er bat Narayan, ihm seine Brust und seinen Rücken mit beiden Händen zurückzuhalten. Narayan befolgte seine Anweisungen. Der erhabene Meister und Yogi versank in tiefe Meditation. Sein Körper erschien ruhig und friedlich. Eine sanfte Schwingung glitt von seinem Herzen zur Fontanelle. Sie erzeugte einen Klang, der dem des OM ähnelte. Als er mit dem kosmischen Klag verschmolz, verließ der göttliche Meister seinen grobstofflichen Körper, der daraufhin ein wenig steif wurde. Narayan bemerkte es nicht und fuhr fort, seinen Meister zu massieren.

In der Zwischenzeit war Krutivasa von der Bahnstation zurückgekommen. Swami Narayan bat ihn, sich neben Shriyukteshwarji zu setzen, während er den Arzt holte, damit er den Meister untersuche. Dr. Dinakar Rao, ebenfalls ein Schüler Shriyukteshwars, lebte nebenan. Nachdem er den Meister gründlich untersucht hatte, erklärte er, dieser habe seinen Körper eine halbe Stunde zuvor verlassen.

Swami Narayan stand bewegungslos und völlig verzweifelt da. Tränen rannen ihm über die Wangen. Schluchzend rief er: „Oh, erhabener Meister, dein Gastspiel auf dieser Erde war einzigartig. Deine Göttlichkeit und grenzenlose ewige Weisheit faszinierte und transformierte jeden, der mit dir in Berührung trat. Dein hochgewachsener Körper, deine langen Arme, deine breite Stirn und dein kräftiger Brustkorb, deine leuchtenden Augen, die Sternen glichen und sich stets in *shambhavi mudra** befanden, dein ruhiges bärtiges Gesicht werden in den Herzen jener fortleben, die dir begegnen durften."

Dieses göttliche Kind, in Serampor, am Ufer des Ganges, geboren, beendete sein irdisches Dasein im Alter von einundachtzig Jahren an der Küste von Puri. Seine Lehren werden in den Herzen unzähliger geistig Suchender überall auf dieser Welt fortleben.

---

* Siehe Erklärungen der Sanskrit-Begriffe, Seite 161

Kapitel 1

LEBENSBEGINN

Hintergrund

Die Last jahrhundertelanger Fremdherrschaft hatte Indien in einen Zustand der Schwermut getrieben. Wiederholte Invasionen fremder Streitmächte, Armut und strenge gesellschaftliche Traditionen trugen zur Unterdrückung des Landes bei. Mit Beendigung dieser dunklen Periode stellte sich nicht nur in Indien ein grundlegender Wandel ein, sondern auch in den meisten Teilen der Welt. Eine neue Ära begann. In der Geschichte Indiens spiegelte sich diese neue Ära in einer Zeit sozialer, ökonomischer und geistiger Revolutionen wider.

Dieses heilige Land, dessen Gesellschaft, Kultur, Zivilisation und spirituelles Leben durch die Auferlegung westlicher Erziehung und Kultur bedroht waren, brachte viele großartige Kinder hervor, die es erhellten. Den mutlosen und bedrückten Menschen schenkten sie Hoffnung und neues Leben. Viele große Söhne und Töchter inkarnierten sich zu jenem kritischen Zeitpunkt und nahmen Einfluss auf Religion, Spiritualität und Wahrheit. Durch ihre geistigen Übungen und göttlichen Eigenschaften hoben sie das Bewusstsein der Menschen. Ihr im Göttlichen und in absoluter Glückseligkeit ruhendes Leben inspirierte andere, sich Gott, dem Allmächtigen, zuzuwenden.

In jenen Tagen leuchteten zwei helle Sterne am spirituellen Himmel, Shri Ramakrishna Paramahamsa und Shri Shyamacharan Lahiri. Vergleicht man ihr Leben, ihre spirituellen Übungen, Errungenschaften und Lehren, erkennt man neben einem deutlichen Unterschied eine beeindruckende Ähnlichkeit: Beide waren verheiratet. Shri Ramakrishna verehrte seine Frau Shri Sharada Devi als göttliche Mutter und mied Reichtum und die gesellschaftlichen Kreise. Shri Lahiri Mahasaya war Familienvater, arbeitete in einem Büro und gab nebenbei Unterricht, um genügend Geld für den Unterhalt seiner Familie zu verdienen. Beide spielten ihren Part im göttlichen Drama. Sie inspirierten die Menschen, sich nach innen zu wenden und ihrer Verwirklichung entgegenzustreben.

Shri Lahiri Mahasaya hatte einen würdigen Schüler, Priyanath, der in späteren Jahren als Swami Shriyukteshwar Giri weltberühmt wurde. Sein einzigartiges Leben gilt als leuchtendes Beispiel für einen vervollkommneten Menschen. Er durchlief alle vier *ashramas* (Stufen) eines Hindu: *brahmacharya* (Zölibat, Mäßigung), *grihastha* (Haushaltsvorstand, Familienleben), *vanaprastha* (Leben in Zurückgezogenheit) und *sannyasa* (Entsagung). Außerdem durchlebte er die vier *purusharthas*: *dharma, artha, kama* und *moksha*. Seinem Meister war er ein würdiger Schüler und seinen Schülern ein würdiger Meister. Viele von ihnen erlangten Verwirklichung.

Kindheit

Priyanath wurde am 10. Mai 1855, dem letzten Donnerstag von *Vaishakha*, in Serampore, an den Ufern des heiligen Ganges, geboren. Sein Vater Kshetranath Karar und seine Mutter

Kadambini Devi gehörten der bekannten und geachteten Familie der Karar an. Kshetranath war ein *zamindar* (Grundbesitzer) und ein erfolgreicher, wohlhabender Geschäftsmann. Die westliche Kultur und Bildung hatten einen starken Einfluss auf ihn ausgeübt. Die Mutter war eine fromme Frau mit einem reinen, gütigen Herzen.

Als einziges Kind seiner Eltern wurde Priyanath sehr geliebt und umsorgt. *Priya* bedeutet „geliebt" und *natha* „Gott". Der Name bedeutet demnach „von Gott geliebt". Die Disziplin, die Pünktlichkeit und der Fleiß des Vaters sowie die Liebe, Hingabe und die zahlreichen göttlichen Eigenschaften der Mutter prägten seine Denkweise. Der Glaube an Gott, gepaart mit Liebe und Hingabe, begleiteten ihn ein Leben lang. Er war ein aufgewecktes Kind und glaubte niemals irgendetwas blindlings. Er folgte keiner Doktrin, außer er war von ihrer Wahrheit überzeugt. Er war mutig und direkt. Eines Tages verbot ihm seine Mutter, einen dunklen Raum zu betreten, da er angeblich einen Geist beherbergte. Priyanaths Neugier war geweckt. Furchtlos ging er in das dunkle Zimmer und durchsuchte es gründlich. Da er keinen Geist finden konnte, ging er zu seiner Mutter und berichtete von seinen Nachforschungen. Bereits damals zeigte sich sein Streben nach Wahrheit, das ihn ein Leben lang begleitete.

Zur gegebenen Zeit besuchte er die Grundschule. Sein wacher Geist und sein göttliches Wesen offenbarten sich bereits in seiner Kindheit. Er war ein hervorragender Schüler, der den vorgeschriebenen Lehrplan in kürzester Zeit absolvierte. Seine Eltern schickten ihn auf eine englische Mittelschule, an der er ebenfalls durch seine ungewöhnlichen Leistungen auffiel. Sein besonderes Interesse galt der Mathematik und der Naturwissenschaft. Die künstlerischen Fächer sprachen ihn weniger an. Von Jugend an fiel das Besondere in seinem Wesen auf. Er liebte es, sich eingehend mit den Dingen zu befassen und sie zu analysieren, um ihnen auf den Grund zu gehen. Seine logische Vorgehensweise akzeptierte nichts, was sich der Vernunft widersetzte.

Jugendzeit

Seinem Vater war es nicht gegeben, sich an den hervorragenden Leistungen seines Sohnes lange zu erfreuen. Priyanath verlor ihn in jungen Jahren und wurde fortan von seiner Mutter liebevoll erzogen. Kadambini Devi wies ihm den Weg, inspirierte ihn und achtete sorgfältig darauf, dass sich ihr Sohn in allen Lebensbereichen gut entwickelte. Dank ihrer Umsicht gab es keine finanziellen Probleme. Als Student half Priyanath seiner Mutter bei der Geschäftsführung und bei anderen Arbeiten.

Der Junge wuchs in Serampore auf. Das britische Erziehungs- und Kulturwesen beherrschte den Ort, was sich stark auf sein Leben auswirkte. Seine Scharfsinnigkeit und seine rational-analytische Sichtweise sozialer, geistiger oder weltlicher Probleme verschafften ihm gesellschaftliche Anerkennung und Respekt. Er pflegte gute Beziehungen zu der bekannten Goswami Familie in Serampore, die wegen ihrer Bescheidenheit und ihrer moralischen Wertvorstellungen hoch angesehen war. Priyanath bemühte sich, sein Leben nach den in den Schriften vorgegebenen Richtlinien für eine rechtschaffende Lebensführung aufzubauen und nahm an Diskussionen über die anspruchsvollen und göttlichen Aspekte der heiligen Schriften teil, was ihm in seiner Jugend eine stabile Grundlage verschaffte.

Die folgende Begebenheit verdeutlicht seine logische Denkweise. Als Priyanath die 9. Klasse besuchte, weilte ein Pandit als Gast bei der Goswami Familie. Jeden Tag hielt der schriftenkundige Gelehrte vor zahlreichen Leuten Vorträge über die einzelnen heiligen Schriften. Unter ihnen befand sich auch Priyanath. Es fiel ihm auf, dass der Pandit auf Fragen zu dem jeweiligen Thema zu sagen pflegte: „So steht es geschrieben und sollte daher akzeptiert werden." Eine angemessene Erklärung und einen im Kontext stehenden Verweis auf die Schriften blieb er schuldig. Seine Lektionen waren rein intellektueller Natur. Es fehlten wahres Verständnis und Erfahrung. Priyanath erhielt die gleichen Antworten auf seine Fragen, was ihn nicht zufriedenstellte, da er das Prinzip *shruti, yukti* und *anubhava* vertrat. *Shruti* heißt, den Schriften zu lauschen, *yukti* bedeutet die richtige logische Analyse mittels eines positiven, diskriminierenden Verstandes und *anubhava* ist die Verinnerlichung oder Wahrnehmung verborgener Wahrheiten in der Kontemplation. Alle drei Vorgänge sind äußerst wichtig. Seiner Ansicht nach besaßen selbst die Worte Brahmas (des Schöpfers) keinen Wert, wenn sie sich nicht vernünftig erklären ließen. Andernfalls konnte jeder Sanskrit-Vers als heilige Schrift betrachtet werden.

Priyanath beschloss, Pandit Mahasaya eine Lektion zu erteilen. Am nächsten Abend erschien er mit einem Sanskrit-Vers. Als der Diskurs begann, wandte er sich mit lauter Stimme an die Zuhörer und verkündete. „Heute erhielt ich eine wunderbare Botschaft aus den Schriften." Dann trug er einen selbstverfassten humoristischen Sanskrit-Vers vor, der unter den Zuhörern große Verwirrung hervorrief. Pandit Mahasaya, der die Bedeutung der Zeilen begriff, schrie: „Fangt den Jungen! Er macht sich über mich lustig!" Aber Priyanath hatte den Schauplatz bereits verlassen.

Später erklärte er seinen Freunden. „Der Pandit hat nur einige Verse von sich gegeben, ohne Erklärung oder Beweisführung anhand der heiligen Schriften, so als seien die Zuhörer Schafe. Um ihn eine Lektion zu lehren, habe ich diese Zeilen verfasst als Herausforderung seines unlogischen Redens."

Obwohl viele seine Direktheit und Furchtlosigkeit nicht billigten, ließ er sich nicht beirren und erklärte unmissverständlich: „Was nützen bloße Worte, wenn sie weder logisch durchdacht sind noch ihre Sinnhaftigkeit erklärt wird? Es ist sinnlos, Worte von sich zu geben, um sich als Wissender darzustellen. Jemand, der die hinter den Versen verborgene Wahrheit nicht erkennt, bedient sich nur der Worte, um arglosen Leuten seine intellektuellen Kenntnisse zu demonstrieren. Fehlt der direkte Hinweis auf den Ursprung des Verses und der Aspekt der Belehrung, dann können auch die von mir verfassten Zeilen als heilige Schrift betrachtet werden." Obgleich ihn einige der Älteren aus erzieherischen Gründen tadelten, begrüßten sie insgeheim seinen Mut und seine Überzeugung sowie seine Kenntnis der heiligen Schriften.

Vorträge sollten aufgrund von Analyse und Erklärung auf das praktische Leben anwendbar sein. Ansonsten erübrigt es sich, religiösen Treffen beizuwohnen und die heiligen Schriften rein intellektuell zu diskutieren. Man verliert sich in einem Wortgewirr und versinkt immer mehr im Nichts der Unwissenheit.

Priyanath folgte niemals blindlings irgendwelchen Überzeugungen, weder in der Schule noch auf sozialem oder religiösem Gebiet, beim Studium der Schriften oder im Gespräch. Diese Haltung wurde ihm bereits in jungen Jahren zur zweiten Natur. Obwohl man ihn vielfach nicht verstand, liebten ihn alle.

Nach bestandener Aufnahmeprüfung wurde er in der christlichen Missionsschule in Serampore aufgenommen. Ziel und Aufgabe der Schulen konzentrierten sich in jenen Tagen in erster Linie auf die Verbreitung des Christentums und der Lehre Jesu. Neben seinem normalen Unterricht las Priyanath Bücher über das Christentum und befasste sich eingehend mit der Bibel. Gewissenhaftes Studium und Kontemplation ermöglichten es ihm, die verborgenen Wahrheiten des Christentums und der Lehre Jesu zu erfassen. Er erkannte die essenzielle Gemeinsamkeit zwischen Hinduismus und Christentum.

Seine spirituelle Suche und seine physische und geistige Entwicklung verliefen parallel. An der Universität interessierten ihn die wissenschaftlichen Fächer, insbesondere Anatomie und Medizin. Lerninhalte genügten ihm nicht. Ihn verlangte es nach der Wissenschaft des Lebens.

Eines Tages sprach ein britischer Professor über den menschlichen Körper. Priyanath, den dieses Thema sehr interessierte, stellte viele Fragen in Bezug auf die ihn betreffenden ungelösten Geheimnisse. Sein Lehrer vermochte sie nicht zu beantworten und meinte verunsichert: „Du solltest zuerst Medizin studieren und dann in meine Klasse zurückkehren."

Priyanath, der nicht eher Ruhe gab, als bis er Antworten auf seine Fragen gefunden hatte, gab sein Universitätsstudium auf und schrieb sich bei der medizinischen Fakultät in Kolkata ein. Neben dem Studium der Physiologie und der Anatomie befasste er sich intensiv mit den Funktionen der verschiedenen Körpersysteme des Menschen. Da er nicht beabsichtigte, Arzt zu werden, beendete er nach knapp zwei Jahren sein Medizinstudium und damit seine akademische Laufbahn. Von da an drängte es ihn innerlich, sich in zunehmendem Maße auf die Analyse der Wahrheit zu konzentrieren.

In seinem späteren Leben vertrat er die Überzeugung, dass der Mensch jeder Lebenssituation mit tiefer Konzentration begegnen solle, um den Wechselfällen des Daseins unbelastet und mit klarem Kopf entgegentreten zu können. Dies erleichtert nicht nur den Alltag, sondern bringt das Göttliche im Menschen hervor. Man darf nichts vernachlässigen, da dies auf eine innere Haltung der Respektlosigkeit deutet, die sich in späteren Jahren verstärkt. Das geistige Leben beschränkt sich nicht auf Kontemplation und Meditation. Ohne ein diszipliniertes und geregeltes Leben ist es schier unmöglich, sich auf eine höhere Bewusstseinsebene zu erheben.

Zur vollständigen Entwicklung und Ausgewogenheit des Lebens gehören Reinlichkeit, Genauigkeit, Aufrichtigkeit, gutes Benehmen, ein einfacher Lebensstil, Selbstsicherheit und regelmäßiges körperliches Training. Über allem stehen fortwährende Wachsamkeit und Selbstanalyse.

Nachdem Priyanath seine Universitätsausbildung beendet hatte, überredete ihn seine Mutter, sich um den väterlichen Besitz und das Geschäft zu kümmern. Auf ihren Wunsch hin heiratete er. Obwohl sich sein Geist stets der Wahrheitssuche verschrieb, hörte er niemals auf, seine Frau zu lieben. Er wurde mit einer Tochter gesegnet. Trotz seiner großen Fähigkeiten zeigte er kein Interesse an dem Familienunternehmen, was zu finanziellen Verlusten führte. Schließlich musste er es aufgeben.

Priyanath pflegte gute Kontakte zu Königen, königlichen Familien und Grundbesitzern, die ihm rieten, eine Arbeit anzunehmen. Schließlich betätigte er sich in einem großen Unternehmen als Buchhalter. Er arbeitete hart und meinte häufig: „Ich kann effizienter und mit weniger Zeitaufwand als meine Vorgänger arbeiten, was mir mehr Freizeit gibt. Trotz der guten Bezahlung befriedigt mich die Arbeit nicht. Es gibt verschiedene Gründe dafür."

An dieser Äußerung erkennt man seine geistige Einstellung. Obwohl er in der materiellen Welt Geld verdiente, konzentrierte sich sein Geist stets auf die Gotteserkenntnis. Er vertrat die Ansicht, dass jemand, der längere Zeit für eine Person arbeitet, deren Sklave wird. Er kündigte und begnügte sich fortan mit dem Einkommen aus seinem Erbe. Er wusste jede Situation zu meistern. Aufgrund seiner eingehenden praktischen Kenntnisse im Bereich von Gesetz und Ordnung sowie seiner übrigen herausragenden Eigenschaften wurde er in jenen Tagen von vielen Juristen und Rechtsanwälten Kolkatas geschätzt.

Weitere Interessen

Priyanath studierte Homöopathie, da er sie für die beste Behandlungsmethode hielt. Außerdem interessierte er sich für die Naturheilkunde, die er von einem deutschen Schüler erlernte. Mit Hilfe der Homöopathie und Naturheilkunde gelang es ihm, viele chronisch Kranke zu heilen. Er befasste sich eingehend mit den Heilmethoden der überlieferten Schriften und vermochte sie mit der Naturheilkunde in Einklang zu bringen.

Neben seinem Studium der heiligen Schriften und der Kontemplation interessierte er sich für Körpertraining und Musik. Er besaß einen kräftigen, gut gebauten Körper, den er regelmäßig trainierte. Er war ein guter Reiter und verstand es, mit Waffen umzugehen. Jungen Leuten riet er, ihren Körper regelmäßig zu trainieren, und erklärte ihnen den Vorteil physischer Gesundheit.

Er liebte die Musik und interessierte sich für verschiedene Musikinstrumente. Alles, was er begann, verfolgte er mit großem Eifer, bis er perfekt darin war, wie das Sitarspiel, das ihn ein Meister seines Faches lehrte. Die Musik inspirierte ihn. Er liebte die melodischen, rhythmischen Weisen, die ihn in seinem tiefsten Inneren berührten. Daher schlug er vor, Musik als Unterrichtsfach in das Bildungswesen einzubinden.

Priyanath sprach fließend Englisch, Bengali und Hindi. Französisch konnte er lesen und schreiben. Er besaß umfangreiche Sanskrit-Kenntnisse. Mit viel Geduld lehrte er in späteren Jahren seine Schüler Dichtungen in Sanskrit und Englisch. Er selbst verfasste zahlreiche Sanskrit-Verse sowie einen spirituellen Text unter der Bezeichnung *Kaivalya Darshana*, den Paramahamsa Yogananda später unter dem Titel *The Holy Science** ins Englische übersetzte.

Seinem Ego gab er niemals nach. Trotz seines Wohlstands und der Versorgung seiner Familie stand er stets über *maya* (der verschleiernden Macht Gottes). Die meiste Zeit verbrachte er mit dem Studium verschiedener heiliger Schriften, auf Pilgerreisen und im Gespräch mit Heiligen und Weisen. Hineingeboren in eine wohlhabende aristokratische Familie, unterhielt er soziale Kontakte zu Menschen unterschiedlichster Herkunft und zeigte ein natürliches Interesse an Literatur, in

---

* Dt. Ausgabe: Die heilige Wissenschaft (Anm. d. Übers.).

der er fundierte Kenntnisse besaß. Die verschiedenen Sozialreformen des Patrioten Ishvarachandra Vidyasagar übten einen gewissen Einfluss auf ihn aus. Den Literaten Bankim Chandra, dessen unabhängiges Denken und Urteil er schätzte, traf er mehrmals persönlich. Er begegnete zahlreichen Schriftstellern, Wissenschaftlern, Sozialarbeitern, Patrioten und spirituellen Persönlichkeiten, die sein Wissen bereicherten. Dennoch, seine Suche nach dem Absoluten blieb unbefriedigt.

Die trügerische Welt hielt Priyanath nicht lange gefangen. Nach einigen Jahren des Familienlebens starb seine Frau. Kurz darauf verlor er seine einzige Tochter durch eine Krankheit. Da seine Enkeltochter bei ihrem Vater blieb, war er allen familiären Verpflichtungen enthoben. Die Ereignisse berührten ihn kaum. Er betrachtete sie als die Ergebnisse von Handlungen in früheren Inkarnationen.

Geistige Trunkenheit, Überschwang der Gefühle und ein Wandel der Lebenseinstellung sind die sichtbaren Zeichen für jemanden, der geistige Entwicklung anstrebt. Priyanath organisierte zahlreiche *pujas*, wie *Dola Purnima* (im Frühling) und *Durga Puja* (im Herbst). Gemeinsam mit seiner Mutter Kadambini Devi unternahm er mehrere Pilgereisen und besuchte viele Schreine. Zeitlebens suchte er die Gesellschaft von Weisen, Heiligen und spirituellen Lehrern.

Er sehnte sich danach, die Geheimnisse der Schöpfung zu ergründen. Sein Hauptanliegen bestand darin, die Beziehung zwischen der individuellen Seele und dem universellen Geist zu erforschen. Er war bewandert in Mathematik, Astronomie und kosmischer Astrologie und deren praktischer Anwendung.

Wunder und andere unerklärliche Vorfälle, die man Heiligen und Weisen zuschrieb, weckten seine Neugier. Er suchte die betreffenden Orte auf, um Näheres in Erfahrung zu bringen. Seine gründlichen Nachforschungen und Überlegungen brachten ihn mitunter zu dem Ergebnis, dass den Wundergeschichten die Grundlage fehlte.

Einst erfuhr er von den Schülern eines berühmten Yogis, dass ihr Meister mittels bestimmter Yoga-Techniken die Nacht in Levitation verbrachte. Priyanath, der dies mit eigenen Augen sehen wollte, schlich sich eines Tages heimlich in den Schlafraum des Meisters und versteckte sich unter dessen Bett. In der Nacht beobachtete er den Yogi in das Zimmer treten und sich auf sein Bett legen. Nachdem er eine Weile gewartet hatte, wurde Priyanath ungeduldig, kroch schließlich unter dem Bett hervor und fragte den Yogi, warum er seine Levitationsübungen nicht durchführe. Überrascht rief dieser: „Du frecher Junge! Deine Anwesenheit hat mich heute mangels Konzentrationsfähigkeit daran gehindert, den Samadhi-Zustand zu erreichen."

In späteren Jahren meinte Priyanath: „Ein verwirklichter Mensch vollbringt Wunder nur, um seinen Schülern den positiven Aspekt der geistigen Übung zu verdeutlichen. Da die Schüler solche Vorkommnisse aufbauschen und öffentlich machen, degradieren sie oft ihren Meister. Unmögliches, das den Verstand übersteigt, kann von einem solchen Menschen möglich gemacht werden. Aber es ist nicht weise, überschwänglich darüber zu reden, ohne die Wahrheit zu kennen, da dies mitunter bei vielen zu Respektlosigkeit führen kann." Aus diesem Grunde riet er wiederholt davon von ab, solchen Wundern Aufmerksamkeit zu schenken.

Andererseits begrüßte er die besonderen Fähigkeiten großer Yogis, ihre beeindruckende Schlichtheit und ihre außergewöhnlichen Eigenschaften.

Kapitel 2

ZU FÜSSEN DES MEISTERS

Begegnung mit dem Meister

Der inzwischen achtundzwanzigjährige Priyanath hatte das weltliche Leben kennengelernt. Seine Sehnsucht nach der Wahrheit wurde zunehmend stärker. Frei von ehelichen Verpflichtungen, empfand er eine große Leere. Sein Interesse am Leben schien sich in einer unbekannten Dunkelheit zu verlieren.

Damals waren viele vornehme Familien, unter ihnen die Goswami Familie, von Yogiraj Shri Shyamacharan Lahiri Mahasaya und seinen Lehren sehr beeindruckt. Nach ihrer Einweihung hatten einige von ihnen mit der Ausübung des Kriya Yoga begonnen. Priyanath kannte die meisten dieser Leute. Da die Übungen hinter verschlossenen Türen stattfanden, gelang es ihm nicht, etwas über sie in Erfahrung zu bringen.

Obwohl er bereits vielen Weisen, Mönchen und Meistern begegnet war, erregte der ihm unbekannte Yogi seine Aufmerksamkeit, und er bemühte sich, Näheres über ihn zu erfahren. Sein kritischer Geist fühlte sich zu Shri Lahiri Mahasaya, der ihn über seine Schüler inspirierte, stark hingezogen. Priyanath wurde unruhig. Sein Wunsch, dem Yogi zu begegnen, erreichte seinen Höhepunkt. Schließlich gelang es ihm, dessen Aufenthaltsort ausfindig zu machen. Ohne jemanden zu benachrichtigen, brach er unverzüglich nach Kashi (Benares) auf.

Der Pilgerort Kashi erlangte durch seinen Tempel, der Vishvanath (Gott des Yoga) geweiht ist, Berühmtheit. Viele Heilige und verwirklichte Seelen halten sich hier auf. Seit Jahrhunderten strömen unzählige geistig Suchende aus allen Teilen der Welt an diesen spirituellen Ort. Nach seiner Ankunft in Kashi konnte Priyanath das Zuhause von Shri Lahiri Mahasaya zunächst nicht finden. Unermüdlich suchte er die Straßen ab, bis er schließlich davor stand.

Als er eintrat, erblickte er den in *siddhasana* (Yoga-Stellung) weilenden Yogi im Kreise seiner Schüler in tiefe Meditation versunken. Er glich Shiva selbst. Freudige Erregung ergriff Priyanath. Sein Herz war erfüllt von Glückseligkeit. Sein rastloser Geist kam zur Ruhe und fiel in einen meditativen Zustand. Voller Liebe und tiefer Hingabe warf er sich vor dem Meister, der schon in vielen Leben sein Meister gewesen war, nieder. Er fühlte den Abstand zwischen Meister und Schüler schwinden, vergleichbar mit einem Nebenfluss, der sich mit dem Hauptstrom vereinigt.

Im Laufe des Abends entfernten sich die Schüler. Priyanath, der in einer Ecke saß, blieb. Langsam erhob er sich und näherte sich dem Meister. Shri Lahiri Mahasaya, allgemein bekannt als Lahiri Baba, erkannte auf Anhieb Priyanaths Bewusstseinsebene, seine früheren Inkarnationen und seine Zukunft. Dieser fühlte sich wie von einer unsichtbaren Macht zu seinem Meister hingezogen; ein Segen für die ganze Menschheit, wie sich später herausstellen sollte. Yogiraj nahm Priyanath als seinen Schüler an, wohlwissend, dass er ihn bald in die überlieferte Technik des Kriya Yoga einweihen würde.

Der Tag der Einweihung wurde auf den 19. August 1883, den fünften Tag des zunehmenden Mondes von *Sravana*, festgelegt. Nach einem Bad im heiligen Ganges legte Priyanath frische Kleider an und begab sich zu seinem Meister. An jenem Tag, an dem Shri Lahiri Mahasaya, der Urquell des Kriya Yoga, diese altehrwürdige Technik an Priyanath weitergab, wurde ein neues Kapitel in der Geschichte des Kriya Yoga aufgeschlagen. Es war, als stürze der heilige Fluss von den Gipfeln des Himalaya hernieder und ergieße sich ins flache Land, um den geistig Dürstenden neues Leben zu schenken.

Ehre dem Schüler, Ehre dem Meister! Ein würdiger Schüler für den Meister und ein würdiger Meister für den Schüler! Allein der Gedanke an jenes Ereignis lässt das Menschenherz vor Freude jauchzen. Mit Herzen und Seele nahm Priyanath den Segen seines geliebten Meisters auf. Shri Lahiri Mahasaya verharrte in tiefer Meditation, manchmal Tag und Nacht. Priyanath blieb viele Tage bei ihm, um die Kriya-Technik zu erlernen und auszuüben. Schließlich kehrte er auf Anweisung des Meisters nach Serampore zurück, wo er sich voller Inbrunst den geistigen Übungen hingab. Langsam schritt er in seiner eigenen Weise auf dem spirituellen Pfad und in der Erfahrung des Göttlichen voran. Zahlreiche verborgene Wahrheiten offenbarten sich ihm. Er kostete die Wonnen der Glückseligkeit. Das Licht göttlichen Bewusstseins durchstrahlte sein Leben. Die wahre Bedeutung der heiligen Schriften enthüllte sich ihm. Diese Schriften sollten nicht nur gelesen werden. Erst ihr eingehendes Studium, verbunden mit regelmäßiger tiefer Meditation, offenbart ihren symbolischen Gehalt. Stieß Priyanath bei seinen geistigen Übungen auf irgendwelche Unklarheiten, wandte er sich an seinen Meister. Die Gesellschaft des Meisters bildete den Leitfaden in seinem Leben. Wann immer er Zeit fand, reiste er nach Kashi, um ihn zu sehen und Zweifel auszuräumen. Der Meister hatte ihn so sehr ins Herz geschlossen, dass er ihn „Priya" nannte, was „der Geliebte" bedeutet.

Wissensdurst

Unablässig über das Mysterium der Schöpfung nachsinnend, verfolgte er die Suche nach der Wahrheit:

jekhane dekhibe chhai, udaiya dekha tai
paile payeete par amulya ratan

„Missachte niemals die dir gebotene Gelegenheit; Wahrhaftigkeit wird dich zur Vollkommenheit führen."

Auf seinen zahlreichen Reisen begegnete Priyanath Philosophen, spirituellen Lehrern, Pandits, Astrologen, Theologen und vielen anderen Persönlichkeiten. Einer Honigbiene gleich, saugte er den Nektar aus den Blüten der Weisheit, was ihm auf seinem Weg zur absoluten Wahrheit weiterhalf.

Eine Aussage, die Shri Guru Nanak zugeschrieben wird, lautet:

sabse basiye sabse rasiye sabse lijiye nam
hanji hanji karte karte rahiye apna dham

„Du kannst durchaus mit anderen spirituellen Meistern verkehren und ihnen zuhören, aber weile stets in deinem eigenen Selbst."

Zu den großen Heiligen, denen er in jener Zeit begegnete, gehörten Tailanga Swami, Swami Bhaskarananda Saraswati und Guru Maharaj vom Radha Swami Orden in Agra. Sein begeisterungsfähiges und wissbegieriges Wesen ließ ihn nicht zögern, auf Tantriker oder Vishnu-Anhänger zuzugehen, um ihren geistigen Rat einzuholen. Er war begierig zu lernen. Alle Lehrer, die er aufsuchte, liebten und akzeptierten ihn. In Anerkennung seiner Gelehrsamkeit wurde er in die Theosophische Gesellschaft aufgenommen.

Sein Wissensdurst ließ ihn eines Tages tief im Wald einen Stammesheiligen aufsuchen, von dem er gehört hatte, um von ihm zu lernen. Die geistigen Praktiken dieses Mannes waren einzigartig. An Vollmondtagen sang und tanzte er mit seinen Schülern. Dieses Ritual fand unter strengster Geheimhaltung statt. Da der Heilige Priyanaths aufrichtiges Interesse erkannte, erlaubte er ihm, dem ungewöhnlichen Ereignis beizuwohnen. Zahlreiche Schüler von nah und fern versammelten sich in dem dichten Wald, um sich unter den silbernen Vollmondstrahlen eines ekstatischen Tanzes zu erfreuen. Priyanath beobachtete das Schauspiel, das ihm ein Gefühl von tiefer innerer Freude schenkte. Er schätzte sich glücklich, die starke geistige Energie und die Weisheit des Heiligen erleben zu dürfen.

Seine vielseitigen Erfahrungen brachten ihn zu der Erkenntnis: „Analysiert man die geistigen Lehren verschiedener Heiliger unvoreingenommen und ehrlich, wird man ihre Einheit erkennen, was eine konfessionelle Zugehörigkeit unmöglich macht."

Beseelt von dem inbrünstigen Wunsch, das wahre Selbst zu erkennen, verbrachte Priyanath viel Zeit zu Füßen zahlreicher Lehrer. Sein Streben wurde belohnt. Wenn jemand ohne ausreichende innere Schulung von Lehrer zu Lehrer wandert, kann es allerdings geschehen, dass er die Hoffnung und seine geistige Ausrichtung verliert. Sich vollkommen der Güte seines Meisters hingebend, erlangte Priyanath den Gipfel der Verwirklichung – *nirvikalpa samadhi* (den atem- und pulslosen Zustand). Sein aufrichtiges und hingebungsvolles Streben fand den Segen Vishvanaths und des Meisters. Er wurde zum neuen Oberhaupt ausersehen, die Flamme des Kriya Yoga weiterzutragen. Da er von Kindheit an nach Weisheit strebte, verlieh ihm sein Meister den Titel *jnanavatar* (Wiedergeburt göttlichen Wissens und göttlicher Weisheit). Der würdige Schüler eines würdigen Meisters wurde zum Hauptstrom des heiligen Kriya Yoga.

In der Gegenwart des Meisters

Die heilige Gemeinschaft mit dem Meister ist wesentlich für den Fortschritt auf dem geistigen Pfad. Priyanath spürte die lebendige Gegenwart seines geliebten Meisters in seinem Herzen, in seiner Seele und mit jedem Atemzug. Gleichzeitig hielt er regelmäßig unmittelbaren Kontakt zu ihm. Es ist wichtig, seinen Meister aufzusuchen, wenn bei geistigen Erfahrungen Zweifel oder Fragen auftauchen. Der Guru (Meister) ist eine Verkörperung der Weisheit und somit Gott in lebendiger Gestalt. Für Priyanath war der Meister sein Lebensinhalt. Da er seinen Vater bereits als Kind und seine Frau in jungen Jahren verloren hatte, bedeutete er ihm alles. Er suchte seinen Rat auch in weltlichen Belangen, etwa um anderen Menschen aus der Not zu helfen oder Krankheiten zu heilen. Shri Lahiri Mahasaya, der über viele göttliche Kräfte verfügte, unterstützte ihn mit seiner Energie. In den heiligen Schriften heißt es, dass der Guru die Schmerzen des Schülers vertreibt.

Befindet man sich ständig in Gesellschaft anderer Menschen und unterhält sich mit ihnen, wendet sich der Geist nach außen. Priyanath richtete seine Aufmerksamkeit nach innen und sprach nur wenig. Selbst als er in Kashi bei seinem Meister lebte, wahrte er Distanz. Während sich Schüler und Anhänger um den Meister scharten, setzte er sich still in die äußerste Ecke und praktizierte *shambhavi mudra*. Er näherte sich dem Meister erst, wenn alle, die dessen Rat gesucht oder ihm ein Schreiben vorgelegt hatten, gegangen waren. Jedes Wort aus dem Munde eines verwirklichten Menschen kann eine Antwort auf viele ungelöste Probleme sein. Bisweilen mag die Rede des Meisters humorvoll und schlicht klingen und mancher Schüler empfinden, es mangele ihr an geistiger Substanz. Sinnt man aber über solche einfachen Worte nach, wird man die verborgene Weisheit darin entdecken. Mitunter mag der Meister sehr ernsthaft sprechen, was man vielleicht nicht auf Anhieb versteht. Überdenkt man das Gesagte jedoch still und ruhig, wird man es erfassen.

Shri Lahiri Mahasaya, um den sich stets zahlreiche Anhänger und Schüler scharten, sprach über Philosophie und Metaphysik, die Samhitas, die Bhagavad Gita, die Upanishaden und andere heilige Schriften. Seine Unterrichtsmethode war einzigartig. Die Verse der Schriften erläuterte er metaphysisch, indem er ihre verborgene tiefe Bedeutung enthüllte. Er legte großen Wert auf die Lehre und Verbreitung der Bhagavad Gita. Priyanath trank den göttlichen Nektar der Auslegung der Schriften von den Lippen seines Meisters. Seine

Sanskrit-Kenntnisse erlaubten es ihm, die Schriften im Original zu lesen. Er studierte die Epen Ramayana, Mahabharata und die Puranas sowie die metaphysische Deutung der Schrift Chaitanya Charitamrita, die er besonders liebte. Außerdem befasste er sich eingehend mit allen Schriften der Hauptreligionen.

Neben dem Studium der Schriften beflügelten seine Liebe und Hingabe für den Meister seinen geistigen Fortschritt. Obwohl Shri Lahiri Mahasaya den größten Teil des Tages und der Nacht in tiefer Meditation versunken war, hielt sich Priyanath, wenn möglich, bei ihm auf. Der Wunsch seiner Mutter, in Kashi zu wohnen, wurde durch die Gnade Gottes erfüllt, was ihm erlaubte, in der Nähe seines Meisters zu weilen. Der Umzug seiner Mutter befreite ihn nach dem Tod seiner Frau und der Heirat seiner Tochter fast völlig von den Fesseln des *samsara* (des weltlichen Lebens). Er widmete sich nahezu ausschließlich dem Selbststudium und der Ausübung des Kriya Yoga in der Gemeinschaft seines Meisters und der Heiligen.

Mit der Zeit suchten viele von Priyanaths Freunden den Yogiraj auf. Shri Lahiri Mahasaya führte seinen geliebten Freund Rama in den Kriya Yoga ein. Beide Freunde kamen, um den *darshan* des Meisters zu erhalten und in seiner Gegenwart den Kriya zu praktizieren.

Eines Tages erkrankte Rama an der asiatischen Cholera. Er schwebte in Lebensgefahr. Trotz aller Bemühungen gelang es Priyanath nicht, dem Freund zu helfen. Sein Gesundheitszustand verschlechterte sich zusehends. Besorgt wandte er sich an seinen Meister, der ihm erwiderte: „Warum bist du besorgt? Dein Freund steht in der Obhut guter Ärzte und wird sich erholen."

Die Worte schenkten Priyanath neuen Mut, doch als er zu Rama zurückkehrte, hatten die Ärzte ihn bereits aufgegeben. Untröstlich eilte er zu seinem Meister, der ihm dieselbe Antwort gab und meinte, der Freund werde sich erholen.

Als Priyanath diesmal zu Rama zurückhastete, lag dieser im Sterben. Niedergeschlagen und tieftraurig begann Priyanath an den Worten des Meisters zu zweifeln. Rama bat um den Segen des Meisters, und Priyanath verließ den Raum, als der Freund seinen letzten Atemzug tat.

Völlig verzweifelt ging er zu seinem Meister, der ihn aufforderte, Ruhe zu bewahren und zu meditieren. Obwohl es ihm unmöglich erschien, in seinem Schmerz meditieren zu können, gehorchte Priyanath. Während des Abends und der ganzen Nacht verharrte er in tiefer Meditation. Als der Morgen dämmerte, weilte er immer noch tief versunken in *samadhi*.

Bei Sonnenaufgang näherte sich ihm Shri Lahiri Mahasaya mit einer Flasche Neemöl, wies ihn an, sieben Tropfen davon in Ramas Mund zu träufeln, und versicherte ihm, dass sein Freund ins Leben zurückkehren werde. Priyanath traute seinen Ohren nicht. Ein Toter, der wieder lebendig werden sollte, kaum zu glauben. Er vertraute den Worten seines Meisters, kehrte zu Ramas leblosem Körper zurück und tropfte ihm sieben Tropfen des Öls in den Mund. Verblüfft sah er, wie der Körper zu zucken begann. Nach kurzer Zeit setzte sich Rama auf, als erwache er aus einem tiefen Schlaf, und fing an, ganz normal zu atmen.

Priyanath traute seinen Augen nicht. Er war sprachlos. Gemeinsam mit Rama ging er zu seinem Meister. Der Mann, der gestern gestorben war, stand heute lebendig vor ihm. Für einen verwirklichten Yogi ist nichts unmöglich, und Priyanath erkannte die Größe seines Meisters.

In den Schriften heißt es:

mantra satyam, puja satyam
satyam devo niranjanah
gurorvakyam sada satyam
satyameka param padam

„Mantras (heilige Worte) enthalten die Wahrheit; Liebe und Anbetung ist Wahrheit; Gott ist Wahrheit; die Worte des Meisters sind immer wahr. Die einzig wirkliche Wahrheit wird zu Füßen des Allerhöchsten gefunden."

Kapitel 3

DIE BLUME ERBLÜHT

Die Gründung von Gita Sabha

Neben seiner philosophischen Veranlagung besaß Priyanath ein natürliches Unterscheidungsvermögen. Sein besonderes Interesse galt der *Samkhya*-Philosophie des Weisen Kapila, der Yoga-Philosophie des Weisen Patanjali und dem Brahmasutra von Maharshi Vyasa. Seine metaphysischen, die verborgene Wahrheit der Schriften enthüllenden Interpretationen, verbunden mit seinen eigenen spirituellen Erfahrungen, erhellten den Geist des Aspiranten.

Mit dem Segen seines Meisters begann er, in Serampore die Bhagavad Gita zu lehren. Diese enthält die Essenz aller Schriften. Ihre Lehren sind populär und werden von einer breiten Bevölkerungsschicht akzeptiert. Es handelt sich um eine einzigartige Schrift über Yoga und seine praktischen Anwendungen. Jeder geistig Suchende sollte täglich darin lesen. Sie enthält die Weisheit der Upanishaden und vermittelt in einfachen Versen das Wesentliche der Puranas.

Zur Förderung der regelmäßigen Arbeit mit der Bhagavad Gita gründete Priyanath mit Hilfe einiger Mitschüler und Freunde in Serampore das Institut „Gita Sabha" (eine Gemeinschaft für das Studium der Gita). Seine religionswissenschaftlichen Darlegungen verband er mit östlicher und westlicher Sichtweise. Im Anschluss an die Abhandlungen und

Diskussionen machte er sich Notizen. Zweifel oder Ungewissheiten klärte er mit seinem Meister. Manchmal bat er brieflich um seinen Rat, manchmal persönlich. Er veröffentlichte eine Reihe von Schriften über die Bhagavad Gita, in denen er den wissenschaftlichen Aspekt hervorhob, um sich der modernen Welt anzupassen. Jedes Büchlein legte er nach dem Druck seinem Meister vor und bat um dessen Zustimmung und Segen. Diese Veröffentlichungen setzte er bis zum 9. Kapitel der Gita fort.

Astrologie-Kenntnisse

Priyanath interessierte sich bereits in sehr jungen Jahren für die Astrologie. Er war stets auf der Suche nach berühmten Astrologen, um von ihnen zu lernen. Dank seiner eingehenden mathematischen und astrologischen Kenntnisse vermochte er die wechselnden Positionen der Sterne und Planeten im Laufe der vier Zeitalter Satya, Dvapara, Treta und Kali und deren Einfluss auf die Menschen zu berechnen. In der kosmischen Astrologie, die für die Bestimmung der vier *yugas* (Zeitalter) von besonderer Bedeutung war, erwies er sich ebenfalls als Experte. Seinen Berechnungen zufolge währt ein menschlicher Evolutionszyklus 12.000 Jahre.

Begegnung mit Babaji Maharaj

Priyanath zufolge fand die Kumbha-Mela im 194. Dvapara statt (gemäß seiner Berechnung). Der *triveni sangam*, der Zusammenfluss von drei Flüssen bei Prayag (den beiden sichtbaren Strömen Ganges und Yamuna sowie dem unsichtbaren

Fluss Sarasvati) zieht unzählige Weise und Heilige an. Heerscharen von Pilgern strömen zu diesem Ort, um einen Blick auf die Heiligen und Weisen zu erhaschen und ihren Segen zu erhalten. Auch Priyanath besuchte diesen Ort und fand große Freude an der Begegnung mit heiligen Menschen.

Als er durch die Menge ging, von denen viele zum Ganges eilten, um ein Bad zu nehmen und an einer der für das Fest errichteten Einsiedelei vorbeikam, hörte er eine Stimme rufen. „Swamiji, Swamiji!" Damals noch kein Mönch, erschien es ihm unwahrscheinlich, dass man ihn meinte, da er diesen Ort zum ersten Mal besuchte. Er reagierte nicht. In diesem Moment sprach ihn ein junger *brahmachari* (ein zölibatär lebender Schüler) an: „Swamiji, Swamiji! Bitte komm, ein *mahatma* möchte dich sprechen." Es überraschte Priyanath, mit Swami angesprochen zu werden, da er zum damaligen Zeitpunkt noch Familienvater war.

Er folgte dem jungen Mann. Als er die Einsiedelei betrat, verschlug es ihm die Sprache. Anstelle eines alten Heiligen sah er eine himmlische Gestalt, die in göttlichem Licht erstrahlte und ihn anlächelte. Beim Anblick dieser Gottheit erfüllten ihn augenblicklich eine tiefe Liebe und Hingabe. Er warf sich dieser Verkörperung des Göttlichen zu Füßen. Der Heilige sprach: „Swamiji, ruhe dich zunächst ein wenig aus. Ich habe dir etwas zu sagen."

Leicht abwehrend, meinte Priyanath: „Warum nennst du mich Swamiji? Ich bin Familienvater, kein *sannyasi*."

Der Heilige antwortete: „Swamiji, was ich sehe, das sage ich, und was ich sage, wird sich erfüllen. Warum bist du unzufrieden? Warum bist du mit meiner Anrede nicht einverstanden? Niemand widerspricht meinen Worten. Eine Person spricht ihre eigene Sprache und verhält sich gemäß seiner eigenen Kultur. Deshalb habe ich dich mit Swamiji angesprochen. Sei also nicht ungehalten." Zu jenem Zeitpunkt war Priyanath noch nicht offiziell nach den vedischen Riten zum Mönch geweiht worden. Seit dem Tode seiner Frau und der Heirat seiner Tochter gab es für ihn keine weltlichen Bindungen mehr. Nur seine alte Mutter lebte noch bei ihm.

Priyanath, den die Worte des Heiligen beeindruckten, bemerkte gewisse Ähnlichkeiten zwischen der bedeutungstragenden und mitfühlenden Haltung des Heiligen und der seines geliebten Meisters. Er ließ sich zu seinen Füßen nieder und lauschte seinen Worten. Bald erkannte er in ihm den erhabenen Meister seines eigenen Meisters, den unsterblichen Mahavatar Shri Babaji. Überwältigt vor Freude, traten Tränen in seine Augen, und er warf sich erneut vor ihm nieder.

Krishna lehrt in der Bhagavad Gita, dass drei Dinge vonnöten sind, damit der Schüler von seinem Meister oder Guru Wissen erlangt.

1. *pranipata* (Unterwerfung in vollkommener Hingabe)
2. *pariprashna* (fragen, um zu lernen)
3. *seva* (dem Guru dienen)

Der erhabene Babaji sah in Priyanath alle drei Voraussetzungen erfüllt. Er segnete ihn und meinte: „Du hast die Bhagavad Gita gemäß der Erklärungen deines Meisters kommentiert. Nun sollst du etwas schreiben, das meiner Darlegung entspricht."

Überrascht fragte Priyanath: „Was soll ich schreiben?"

Der erhabene Meister erwiderte. „Du sollst über die östliche und westliche Philosophie und Metaphysik schreiben, was vielen westlichen Menschen helfen wird, auf dem geistigen Pfad voranzuschreiten."

Bei diesen Worten spürte Priyanath sein Unvermögen, eine solch große Arbeit in Angriff zu nehmen, und meinte: „Gurudev! Meine Kenntnisse sind sehr begrenzt. Ich werde wohl kaum fähig sein, diese wichtige Aufgabe zu erfüllen."

Babaji Maharaj lachte laut auf, als er dies hörte, strich ihm über den Kopf und erwiderte: „Oh, mein Junge! Der Gedanke an dieses Werk blitzte durch meinen Geist und wurde durch diesen Mund zum Ausdruck gebracht. Du hast es gehört, also wird er in die Tat umgesetzt werden. Wer würde Sein Werk nicht verrichten?"

Geistig inspiriert, nahm Priyanath den göttlichen Auftrag freudigen Herzens unter der Voraussetzung an: „Sobald das Buch geschrieben ist, musst du mir erscheinen und es begutachten. Wie werde ich dich sehen?"

Babaji Maharaj erwiderte lächelnd: „Sei unbesorgt. Wir werden uns wiedersehen." Damit war die Unterhaltung beendet. Obwohl Priyanath noch nicht bereit war zu gehen, brach Babaji Maharaj auf. Kurz bevor er ging, äußerte er einige Bemerkungen über Priyanaths Meister Shri Lahiri Mahasaya. Priyanath bewahrte die Worte in seinem Gedächtnis, obwohl er ihre Bedeutung nicht verstand. Überschüttet mit den Segnungen und der Gnade des Babaji Maharaj, kehrte er zu seinem Meister nach Kashi zurück.

Voller Liebe und Hingabe warf er sich diesem zu Füßen und erzählte begeistert von seinen Erlebnissen bei der Kumbha-Mela. Als er von seiner Begegnung mit Babaji Maharaj berichtete, gab er dessen abschließende Bemerkung wieder, die er nicht verstanden hatte.

Bei diesen Worten wich das Lächeln aus Shri Lahiri Mahasayas Antlitz, das einen ungewöhnlich ernsten Ausdruck annahm und sehr blass wurde. Seine ihn umgebenden Schüler und Anhänger waren zutiefst beunruhigt und ängstigten sich. Priyanath fühlte sich beschämt, dass er mit seinen Worten diese Situation hervorgerufen hatte. Zur allgemeinen Erleichterung kehrte der Meister nach drei Stunden in seinen gewohnten Zustand zurück und gewann seine Gelassenheit wieder. Mit humorvollen Erzählungen lenkte er die Anwesenden von dem seltsamen Vorfall ab, der bald in Vergessenheit geriet. Erst im Laufe der Zeit stellte sich heraus, dass Babaji Maharaj mit seiner rätselhaften Bemerkung Lahiri Mahasaya angewiesen hatte, seinen Körper zu verlassen.

Babaji Maharaj sandte Shri Lahiri Mahasaya in diese Welt, damit er den nahezu unbekannt gewordenen Kriya Yoga neu belebe. Nach Erfüllung seiner Mission erhielt Lahiri Mahasaya von seinem Meister die Botschaft, dass es an der Zeit für ihn war zu gehen. Dies ereignete sich Mitte 1894.

Am 26. September 1895 verließ Shri Lahiri Mahasaya seinen Körper und diese Welt. Der Polarstern am geistigen Himmel war erloschen. Seine Abwesenheit hinterließ in den Herzen seiner Anhänger und Schüler eine gewaltige Leere. Obwohl für das irdische Auge unsichtbar, führte der Meister seine Schüler auch weiterhin. Der am weitesten fortgeschrittene unter den anderen Schülern war Pandit Panchanana Bhattacharya, ein Familienvater und großer Yogi.

Seine Schriften

Nach seiner Rückkehr von der Kumbha-Mela begann Priyanath, sich als Swami zu betrachten, da Babaji Maharaj ihm diesen Titel als Zeichen seines Segens verliehen hatte. Sein Haus in Serampore kannte man unter der Bezeichnung Priyadham („Wohnsitz der Liebe"). Es diente nicht nur als Ort für spirituelle Übungen, sondern ebenfalls als Ruhepol für Anhänger, die von weither angereist kamen. Es mag wohl kaum übertrieben sein, dieses wunderschöne, an den Ufern des Ganges gelegene Haus als Ashram zu bezeichnen.

Als Priyanath nach Serampore zurückkehrte, war er entschlossen, das Projekt, mit dem Babaji Maharaj ihn beauftragt hatte, in Angriff zu nehmen. Lange davor hatte er sich mit der Bibel auseinandergesetzt und einen Kommentar in Französisch darüber verfasst. Zu diesem Zweck erlernte er die französische Sprache, die er bald beherrschte. Man hatte ihn sogar eingeladen, an einem Seminar in Paris teilzunehmen. Häufig besuchte er die französische Mission in Chandannagar, um die Sprache zu studieren und an Bibel-Diskussionen teilzunehmen. Das Manuskript seines Bibel-Kommentars zeigte er einem Priester, einem philosophischen Gelehrten, der nach Durchsicht zu dem Schluss kam, dass es sich um eine ausführliche metaphysische Auslegung der Bibel, des geistigen Lebens, der Auferstehung und der Lehren Jesu und seiner Jünger handelte. Da der orthodoxe Priester befürchtete, dass die in dem Buch enthaltenen Äußerungen den christlichen Glauben in Frage stellen und eine gewaltige Umwälzung im Christentum hervorrufen könnten, wurde die Einladung nach Paris aufgehoben. Priyanath bat wiederholt um Rückgabe des

Manuskripts, wurde aber jedes Mal mit der Bemerkung abgewiesen, es sei verlegt worden und unauffindbar.

Nachdem einige Zeit verstrichen war, fasste er eines Tages nach der Abendmeditation den Entschluss, die Arbeit, mit der Mahavatar Shri Babaji ihn beauftragt hatte, in Angriff zu nehmen. In Anlehnung an die überlieferte Schreibweise des Brahma Sutra, des Yoga Sutra und des Bhakti-Sutra wollte er den Kommentar in Form von Aphorismen verfassen. Das Originalskript schrieb er in Sanskrit. Er bearbeitete verschiedene heilige Schriften, darunter die Bibel, und hob die metaphysische Bedeutung jedes einzelnen Verses in englischer Sprache heraus. Zwei seiner Schüler, Narayan Chandra Gangopadhyay (ein bekannter Anwalt aus Howrah) und Neelachal Chattopadhyaya, halfen ihm beim Schreiben. Das Buch erschien unter dem Namen *Die heilige Wissenschaft*.

In der Stille der Nacht schrieb Swami Priyanath an seinem Buch. Mit der Gnade Gottes und der Meister und mit dem Segen des erhabenen Shri Babaji brachte er es innerhalb kurzer Zeit zum Abschluss. Nachdem er seinem Werk spät am Abend den letzten Schliff gegeben hatte, meditierte er bis zum Morgengrauen und ging dann zum Ganges, um ein Bad zu nehmen. Bei seiner Rückkehr sah er Babaji Maharaj unter einem Baum sitzen. Hocherfreut und überglücklich berührte er die Füße des Meisters und berichtete ihm von der Vollendung seines Buches. Da sein Haus in unmittelbarer Nähe des Flussufers stand, bat er Babaji Maharaj, den Ashram mit seiner heiligen Anwesenheit zu segnen. Dieser verneinte: „Baba, wir sind Leute, die es gewohnt sind, unter Bäumen zu leben. Wir sind uns begegnet und das genügt." Nachdem Priyanath seine Bitte mehrmals erfolglos vorgetragen hatte, eilte er nach Hause, um Früchte, Süßigkeiten, Milch und das Manuskript zu holen. Als er zurückkehrte, musste er enttäuscht feststellen, dass Babaji Maharaj verschwunden war. Bekümmert warf er die Früchte, die Süßigkeiten und die Milch fort. Nach einer Weile dämmerte es ihm, dass Babaji Maharaj sein Versprechen gehalten hatte, ihn zu treffen, sobald die Arbeit beendet war. Die göttliche Erscheinung und der Segen Babajis belebten ihn.

Kurze Zeit später besuchte Priyanath seinen Meister in Kashi und bat um seinen Segen. Yogiraj Lahiri Mahasaya weilte im Inneren des Hauses. An der Tür stand Babaji Maharaj. Priyanath vermochte ihn erst wahrzunehmen, als ihm sein Meister die Hand auf den Kopf legte. Ehrfurchtsvoll fiel er dem erhabenen Babaji zu Füßen. Dieser sprach: „Swamiji, ich wusste gar nicht, dass du so ärgerlich und empfindlich reagieren kannst! Du hast die Milch und die Süßigkeiten, die du für mich geholt hast, fortgeworfen."

Priyanath schämte sich und weinte. Babaji fuhr fort: „Ich sagte dir, dass ich dir an dem Tage, an dem du das Buch vollendet hast, erscheinen werde, und ich habe Wort gehalten. Warum hast du dich beklagt?" Priyanath verharrte in tiefer Kontemplation, nachdem ihm Babaji Maharaj einige Ratschläge erteilt hatte und dann entschwand.

Der *zamindar* (Grundbesitzer) von Bhandarhati, Priyanaths Schüler Ray Atul Chandra Chowdhary aus Khidirpur (einem Ortsteil von Kolkata), veröffentlichte *Die heilige Wissenschaft* zum ersten Mal. In der Einführung heißt es: „Dieses Buch enthält die wahre Religionsphilosophie. Es wurde verfasst, um den allen Religionen zugrunde liegenden Kern darzulegen und zu zeigen, dass die Lehren der Bibel keineswegs als konfessionsgebunden zu bezeichnen sind. Um zu beweisen, dass die Bibel *sanatana dharma*, die ewige Religion, lehrt, habe ich diese Passagen zusammengestellt und in Buchform veröffentlicht, damit die Gläubigen durch die falschen Vorstellungen von Sektierertum nicht in die Irre geführt werden, was wir im wahrsten Sinne als eine Verdammung der Religion erachten. Die Sanskrit-*Sutras* in diesem Buch, die die unterschiedlichen Philosophieschulen Indiens miteinander versöhnen, werden ebenfalls eine große Hilfe beim Studium der Bhagavad Gita sein, dem angesehensten Werk auf der Gebiet von Philosophie und Theologie in der gegenwärtigen Welt."

Seine Lehren

Priyanath versuchte, die uralten Kriya-Techniken durch seine Gita Sabha zu verbreiten, die die metaphysische Interpretation der Schriften vorlegte. Manche Leute waren bereits in den Kriya Yoga eingeweiht worden. Priyanath unterrichtete einige seiner Freunde. Es heißt, der bekannte Anwalt von Serampore, Akshaya Kumar Bhattacharya, sei nicht nur sein Freund, sondern auch sein erster Schüler gewesen.

Die hinduistische Gesellschaft verhielt sich damals äußerst konservativ. Viele Angehörige der höheren Aristokratie, die Priyanaths Weisheit erkannten, kamen zu seinen Vorträgen. Dennoch zögerten sie nicht, alles zu verdammen, was außerhalb der Norm lag, da es die vorherrschende orthodoxe und engstirnige Sichtweise jener Tage nicht anders zuließ. Einige Leute zeigten sogar Vorbehalte, sich in seinem Haus über spirituelle Themen zu unterhalten, da er kein *Brahmane* war. Bharatavarsha (Indien) gilt als spirituelle Gegend, der Geburtsort vieler geistig Suchender und verwirklichter Seelen.

Doch wiederholte Invasionen und Fremdherrschaft führten zu konservativer Denkweise und Vorurteilen allem Fremden gegenüber.

Kapitel 4

MISSIONSTÄTIGKEIT

Matilals Einweihung

In der Nähe von Serampore lebte in dem Dorf Chatara ein entschlossener junger *Brahmane* namens Matilal Mukohopadhyaya. Von Kindheit an fühlte er sich zur Spiritualität hingezogen, und mit zunehmendem Alter vertiefte sich seine Hingabe. Matilal, der nach einem Meister suchte, hörte von Priyanath. Überzeugt von dessen Weisheit und in der Gewissheit, dass er ihn zur absoluten Wahrheit führen werde, akzeptierte er ihn als seinen Meister.

In den heiligen Schriften heißt es:

nichadapi uttama vidya striratnam dushkuladapi
vishadapyamritam grahyam amedhyadapi kanchanam

„Höheres Wissen kann auch von einer Person niederer Geburt erlangt werden. Eine edle Frau kann akzeptiert werde, selbst wenn sie von niederer Abstammung ist. Es ist nicht falsch, Nektar aus Gift und Gold aus Abfall zu gewinnen."

Matilal wurde von seinem Meister in den Kriya Yoga eingeweiht. Er bewies Mut, denn ein *Brahmane*, der sich von einem Nicht-Brahmanen einweihen ließ, erntete von der konservativen Gesellschaft scharfe Kritik. Verwandte und Familienmitglieder verurteilten diesen Schritt. Er sah sich öffentlicher Demütigung ausgesetzt. Matilal ließ sich davon nicht beeinflussen. Er war ein willensstarker Mann mit Weitblick und Hingabe. Überzeugt, geistig hoch motiviert und ehrlich erklärte er: „Weisheit ist ewig und nicht an eine bestimmte Kaste oder Glaubensüberzeugung gebunden. Jeder verwirklichte Mensch, der die ewige Weisheit besitzt, eignet sich am besten, Meister zu werden. Einen Meister danach zu beurteilen, ob er *brahmin* ist oder nicht, zeugt von geistiger Engstirnigkeit. Allein durch die Gnade Gottes habe ich einen solchen verwirklichten Meister gefunden. Ich anerkenne die ewige Verbindung zwischen Meister und Schüler und nehme die göttliche Erleuchtung wahr."

Matilals Einweihung durch Priyanath Swami erwies sich als Schlüsselereignis für die Verbreitung des Kriya Yoga. Sein überzeugendes Wesen und seine unerschütterliche Hingabe führten dazu, dass geistig Suchende aller Altersstufen aus dem Khidirpur-Distrikt Priyanath um Einweihung baten. Dank der Bemühungen dieser Gruppen und des unermüdlichen Wirkens Matilals entstand eine Organisation, die den Kriya Yoga weit verbreitete. In späteren Jahren wurde Matilal als Matilal Thakur bekannt, eine große Seele, die den Kriya Yoga in zahlreiche Dörfer von Medinipur trug.

Die Zeit war gekommen, die Dunkelheit des Aberglaubens und der Vorurteile mit dem Licht der Weisheit und Spiritualität zu zerstreuen. Die Menschen begannen, ihre Sichtweise zu erweitern und sich für neue Ideen zu öffnen. Priyanath Swami wohnte einem von Matilal organisierten Seminar bei, an dem hoch angesehene Brahmanen-Gelehrte teilnahmen. Es gelang ihm, die Anwesenden von der Gültigkeit seiner spirituellen Lehren zu überzeugen.

Daraufhin verliehen ihm die Lehrer der Sanskrit-Schule von Serampore den Titel eines *dvijavara*, wobei *dvija* „zum zweiten Mal geboren" und *vara* „hervorragend" bedeutet. In der Regel wird ein *brahmin* nach seiner Einweihung mit der heiligen Schnur (*upanayana*), die die zweite oder geistige Geburt bedeutet, *dvija* genannt. *Dvijavara* bedeutet der *große Brahmane*. Vollzieht ein verwirklichter Meister die Einweihung, wird man ebenfalls zum *dvijavara*. Auch wenn man sich auf seinem spirituellen Weg entsprechend den Anweisungen des Meisters auszeichnet, wird man *dvijavara*. Menschen unterschiedlichen sozialen Standes überwanden ihre Engstirnigkeit und kamen in großer Anzahl nach Priyadham, um mit Priyanath zu diskutieren, da sie sein geistiges Wissen erkannt hatten. Die Arbeit der Gita Sabha fand weite Verbreitung und wurde sehr populär.

Im Laufe der Diskussionen über die heiligen Schriften trat der Kriya Yoga immer stärker hervor, was zu seiner zunehmenden Bekanntheit beitrug. Inspiriert durch Priyanaths Lehren kamen viele, um sich von ihm einweihen zu lassen. Die Anzahl der Kriya-Praktizierenden nahm stetig zu, was die Gründung einer nicht-konfessionellen spirituellen Institution nötig machte.

Priyadham, ein Zentrum der Aktivitäten

Priyanath verwandelte sein Elternhaus in einen Ashram. Aufgrund der organisatorischen Fähigkeiten Matilals stieg die Zahl der Besucher, die an den Aktivitäten teilnahmen, gewaltig. Viele ernsthafte und kompetente Leute mit unterschiedlichsten Fachkenntnissen nahmen daran teil, um ihr Wissen weiterzugeben und zu erweitern. Dazu gehörten Philosophie, Astrologie, Astronomie, das Studium der heiligen Schriften und das Lesen des Almanachs. Dennoch lag der Schwerpunkt auf dem Wahrnehmungswissen des Meisters. Schon bald wurde in Priyadham, einem schönen zweistöckigen Haus, eine Druckerpresse aufgestellt. Am Anfang konzentrierte man sich auf die Verbreitung des Kriya Yoga. Die administrativen Aufgaben, Planung, Gestaltung, Organisation der Aktivitäten und die Beaufsichtigung der Arbeitskräfte wurden von Matilal selbst erledigt. Er war ein wunderbarer Karma-Yogi (jemand, der hingebungsvoll und selbstlos tätig ist) und ein hervorragender Organisator.

Die Gita Sabha wuchs ständig. Die Zahl der Schüler, Anhänger und geistig Suchenden nahm zu. Da sich die Lehren nicht nur auf die Bhagavad Gita beschränkten, hielten es Priyanath und Matilal für angebracht, den Namen Gita Sabha zu ändern. Sie änderten diesen Namen auf „Satsanga Samaj", was so viel bedeutet wie „Gemeinschaft der Wahrheitssucher" (*sat* bedeutet Wahrheit oder Existenz und *sang* verhaftet sein oder suchen).

Der Wahlspruch von Satsanga Samaj lautete: „Die verwirklichten Heiligen und Weisen rufen das allgegenwärtige, alles durchdringende Substrat des Universums, Brahman (Gott), der reines Sein (sat) ist. Ziel dieser nicht-konfessionellen Organisation ist es, keine Anstrengung zu scheuen, dieses ewige Sein durch die entsprechenden geistigen Übungen zu realisieren."

Es gab zwei Arten von Mitgliedern:

1. Mitglieder im organisatorischen Bereich, verantwortlich für den Aktivitätsradius.
2. Allgemeine Mitglieder, die an den Treffen und Seminaren teilnahmen, die heiligen Schriften studierten und die geistigen Übungen ausführten. Sie unterstützten die Organisation mit großzügigen Spenden.

Kurz nachdem der Name Gita Sabha in Satsanga Samaj umgewandelt worden war, verschickte man im Namen der Gesellschaft Einladungen zu einem Seminar, an dem jeder teilnehmen konnte. Viele konservative und aristokratische Mitglieder, die ursprünglich das Seminar besuchen wollten, zeigten sich wenig erfreut über die Namensänderung. Sie warfen ein, dass der Begriff Samaj mit bereits existierenden religiösen Organisationen, wie Brahma Samaj und Arya Samaj, die als Sekten galten, in Verbindung gebracht werden könne. Daraufhin wurde der Name einstimmig erneut geändert und lautete fortan „Satsanga Sabha". Das Seminar leitete Priyanath Karar Swami. Dieses erste in dieser Art organisierte Seminar zur Verbreitung des Kriya Yoga wurde zu einem großen Erfolg.

Leben in Kashi

Auch nach dem Tode von Shri Lahiri Mahasaya besuchte Priyanath Kashi regelmäßig, denn die Gegenwart und Energie eines verwirklichten Meisters bleibt auch nach seinem physischen Dahinscheiden erhalten. Priyanath wollte die Gelegenheit nutzen, in diesem Pilgerzentrum und Hort der Weisheit, in dem er zahlreiche wundersame Vorkommnisse erlebt hatte, seinen Meister wahrzunehmen und von ihm gesegnet zu werden.

Jedes Mal, wenn er in Kashi weilte, besuchte er Kashimani Devi, die Frau und Schülerin von Shri Lahiri Mahasaya. Ihre fortwährenden geistlichen Übungen und ihre mütterliche Liebe für die Schüler veranlassten viele der Anhänger und Schüler Lahiri Mahasayas, sie regelmäßig aufzusuchen. Bei seinen Besuchen in Kashi wohnte Priyanath im Hause seines Meisters, diente Kashimani Devi in ihrem hohen Alter und erhielt ihren Segen.

In Kashi traf er sich mit zahlreichen Gelehrten, um mit ihnen über verschiedene heilige Schriften und die Astrologie zu diskutieren. Er war stets bestrebt, seinen Horizont zu erweitern und seine eigene Sichtweise zu diesen Themen zu erhärten. Bei solchen Gelegenheiten begegnete er auch anderen Schülern von Shri Lahiri Mahasaya.

Während einer Zusammenkunft mit dem Direktor eines Sanskrit-Instituts in Kashi kamen zwei deutsche Gelehrte zu Besuch. Sie lobten das Land und seine Kultur. In Deutschland hatten sie bereits viele Sanskrit-Werke im Original studiert. Sie schätzten und liebten diesen Teil Indiens und die Weisheit der Seher und Weisen. Sie waren nach Kashi gereist, in der Hoffnung, einige Wahrheiten zu entdecken und spirituelle Weisheit zu erlangen. Der Direktor hieß sie willkommen, erstellte einen Zeitplan für die Analyse und Deutung der heiligen Schriften und bat Priyanath, ebenfalls anwesend zu sein und sich um die Gäste zu kümmern.

Die deutschen Gelehrten kamen zur festgesetzten Zeit in das Haus des Direktors. Priyanath hieß sie in der traditionellen indischen Weise willkommen und betreute sie während ihres Aufenthalts. Die Diskussionen fanden nachts statt. Die beiden Gelehrten stellten viele Fragen in Bezug auf die Verse der verschiedenen Schriften. Der Direktor beantwortete sie so gut er konnte. Die beiden Deutschen lauschten interessiert und aufmerksam. Zum Schluss bemerkten sie: „Diese Art des Kommentierens ist uns bekannt. Ihre hervorragende Analyse der Schriften verblüfft uns, aber es gelingt uns leider immer noch nicht, ihren tiefgründigen Sinn und deren Essenz zu erfassen."

Für den folgenden Tag wurde eine weitere Zusammenkunft vereinbart, an der auch Priyanath teilnahm. Der Direktor erging sich ausführlich über die verschiedenen Theorien und Denkweisen von Philosophen und spirituellen Lehrern aus Ost und West. Die Zuhörer waren beeindruckt, nur die beiden deutschen Gelehrten verhielten sich sehr still. Die Flut theoretischen Wissens schien ihren Durst nicht zu stillen, sondern eher zu erschöpfen und zusätzlich zu verwirren. Sie waren gekommen, auf der Suche nach ein paar Tropfen Nektar, und ertranken schier im Strudel der Schriften, unfähig, deren transzendente Wahrheit zu erkennen. Enttäuscht verließen die beiden Gelehrten ihren Gastgeber, dem sie für seine Gastfreundschaft dankten. Priyanath, der die Situation genau beobachtet hatte, begleitete sie, um ihre Abreise zu arrangieren.

Auf dem Weg fragten sie ihn: „Gibt es keinen Meister der heiligen Schriften in diesem Land, der uns die Wahrheit der Schriften und ihre Essenz vermitteln und uns das Licht der metaphysischen Weisheit zeigen kann?" Priyanath, der begriff, wonach sie suchten, erwiderte in Verteidigung seines Landes: „Es gibt viele, aber sie leben zurückgezogen und meiden die Öffentlichkeit."

Es blieb keine Zeit, näher darauf einzugehen. Die beiden Deutschen reisten ab. Diese Begebenheit beschäftigte Priyanath sehr. Vieles ging ihm durch den Kopf. Er suchte nach einer Möglichkeit, den alten Ruhm Indiens zu neuem Leben zu erwecken, und überlegte, wie man die verborgenen Wahrheiten der Schriften durch vernünftige Analyse enthüllen und auf dem Pfad transzendentaler Verwirklichung nutzen konnte.

Er beschloss, den wissenschaftlichen Aspekt der Lehren der Satsanga Sabha besonders hervorzuheben, um die Wahrheit der Schriften ans Licht zu bringen, was der allgemeinen Entwicklung der gesamten Menschheit diente. (Zu einem späteren Zeitpunkt sollte sich sein Wunsch durch seine beiden Schüler Paramahamsa Yogananda und Paramahamsa Hariharananda erfüllen.)

Astrologie

Priyanath zeigte bereits in sehr jungen Jahren großes Interesse an der Astrologie, die er eingehend studierte. Der unmittelbare Zusammenhang zwischen den astrologischen Texten und Berechnungen faszinierte ihn. Es gab allerdings keine einzige Schrift, die sich in einfacher, methodischer und systematischer Weise mit den astrologischen Fakten auseinandersetzte.

Aufgrund wiederholter Invasionen, Plünderungen und Tyranneien, die Indien über sich ergehen lassen musste, waren die meisten seiner kostbaren Schriften verlorengegangen oder vergessen. Priyanath erkannte die Notwendigkeit für sein Volk, das geistige Erbe und den ehemaligen Ruhm wiederzuerlangen.

Die gründliche Analyse der astrologischen Mathematik und genaue Kalkulationen ließen ihn zu dem Schluss kommen, dass alle Theorien auf den Stern- und Planetenpositionen von vor Tausenden von Jahren basierten. Vieles hatte sich seither verändert. Die gegenwärtigen Positionen waren aber nun völlig verschieden. Aus diesem Grunde stimmten die alten Berechnungen nicht mehr, was zu zahlreichen Diskrepanzen in den astrologischen Kalendern führte. Da die Stern- und Planetenkonstellationen zu einem gegebenen Zeitpunkt einen bestimmten Einfluss auf die Erde und ihre Bewohner ausüben, ziehen die Inder gewöhnlich den Kalender vor ihren Unternehmungen zu Rate. Weil die Berechnungen aber nicht mehr auf den aktuellen Positionen der Himmelskörper basieren, ist dies wenig sinnvoll. Aufgrund der Tatsache, dass der astrologische Kalender eine solch wichtige Rolle im Alltag spielte, musste er genau sein.

Da Priyanath davon überzeugt war, dass astrologische Grundkenntnisse für das menschliche Leben unentbehrlich sind, nahm er dieses Thema in den Lehrplan der Satsanga Sabha auf. Er leitete eine neue Ära ein, indem er den 22. März als Frühjahrs- und den 22. September als Herbst-Tagundnachtgleiche bestimmte. Den 22. Juni erklärte er als Sommer- und den 22. Dezember als Winter-Sonnenwende. Mit speziellen Programmen gedachte man in der Satsanga Sabha dieser vier speziellen Tage. Die Korrektur des Kalenders wurde vorangetrieben. Gewöhnlich berechneten Pandits aus Puri und Kashi den astrologischen Jahreskalender, beglaubigten ihn und gaben ihn frei. Priyanath bemühte sich, sie davon zu überzeugen, allen Veränderungen die aktuellen Planetenkonstellationen zugrunde zu legen, was ihm leider nicht gelang.

Priyanath in Orissa

Pathani Samanta (Chandra Sekhara Samanta Singhara) war ein würdiger Sohn von Orissa. Seine hervorragenden astronomischen und astrologischen Forschungsarbeiten sowie eine Schrift mit dem Titel *Siddhanta Darpana* hatten ihn berühmt gemacht. Er war ein Mitglied der königlichen Familie von Khandapara. Priyanath hörte von ihm und suchte ihn, wahrscheinlich 1901, in Puri auf. Man betrachtete ihn als Genie. Es heißt, er habe ein Dampfschiff genommen, denn zur damaligen Zeit gestaltete sich eine Reise nach Puri recht schwierig. Er hielt sich in Vidura Math, in der Nähe von Swargadwar („Tor zum Himmel") auf. Obwohl Puri seit jeher als spiritueller, heiliger Ort bekannt ist, weiß man nicht viel über seinen Ursprung. Um den berühmten Jagannath-Tempel hat sich eine spirituelle, dem Herrn des Universums geweihte Kulturlandschaft entwickelt, die zum Mittelpunkt von Puri wurde. Zahlreiche göttliche Inkarnationen und verwirklichte Menschen kamen nach Puri, um ihre spirituellen Übungen zu vertiefen.

Angefangen mit Acharya Shankara, besuchten viele große Heilige, wie Shri Chaitanya, diese heilige Stadt und verkündeten ihre Lehren. Nach dem Dahinscheiden von Shri Ramakrishna Paramahamsa, der diesen Ort nicht besucht hatte, hielten sich seine Frau, die heilige Mutter Sarada Devi, und Swami Brahmananda (Raj Maharaj) mehrmals dort auf. Shri Lahiri Mahasaya war ebenfalls nicht dort gewesen, wohl aber kam sein Schüler Priyanath und nahm das Göttliche dieser Stadt wahr.

Auf der einen Seite der Stadt scheint das Meer mit dem blauen Himmel zu verschmelzen, während sich auf der anderen Seite der Jagannath-Tempel majestätisch erhebt. Bei seinem Aufenthalt in Puri traf sich Priyanath mit der sogenannten Mukti Mandapa Pandita Sabha, einer Gruppe vedischer Gelehrter, die für die Tempelriten verantwortlich waren. Er wollte die auf den laufenden Positionen der kosmischen Elemente beruhenden Änderungen mit ihnen besprechen, die in den jährlichen Kalender einfließen sollten. Obwohl seine logischen Schlussfolgerungen die Gelehrten überzeugten, wollten diese die Zustimmung von Pathani Samanta abwarten, der damals als Autorität auf diesem Gebiet galt. Leider gab es für Priyanath bei jenem Besuch keine Möglichkeit, den Experten zu treffen.

Als er zum zweiten Mal nach Puri kam, hatte Pathani Samanta diese Welt bereits verlassen, was Priyanaths Hoffnung, dem großen Meister der Astronomie und Astrologie zu begegnen, zunichte machte. Obwohl sich die beiden Männer nicht kennenlernten, erkannte jeder die Größe des anderen. Ihre astrologischen Berechnungsmethoden besaßen vieles gemeinsam. Der Jahreskalender, der auf den Berechnungen von Pathani Samanta basierte, wurde in ganz Orissa anerkannt. Sein astrologisches Hauptwerk *Siddhanta Darpana* gilt bis heute als Klassiker.

Priyanath bemerkte häufig: „Der jährliche Kalender von Orissa bedarf der Korrektur, obwohl er im Gegensatz zu den in den übrigen Landesteilen anerkannten Kalendern sehr fortschrittlich und authentisch ist."

Über Pathani Samanta meinte er: „Sein gründliches Studium und seine Analyse ließen den Meister der Astrologie erkennen, dass es auf diesem Gebiet weiterer Forschungen bedarf. Er ermunterte viele, sich eingehender mit der Astrologie zu beschäftigen. Mit Hilfe einiger kleiner Glasstücke und Stöckchen fertigte er ein einfaches Instrument, um verschiedene Himmelskonstellationen zu berechnen, was zu seiner hervorragenden Schrift *Siddhanta Darpana* führte."

Obwohl sein Hauptanliegen des Besuchs von Puri, die Reform des Almanaches, vorerst keine Früchte trug, erfüllte ihn sein Aufenthalt im Land des Jagannath mit großer Freude. Während er in Vidura Matha weilte, stieß er auf ein Stück Land, das auf einer Erhebung lag und ihm für spirituelle Übungen geeignet zu sein schien. Er beschloss, dort einen Ashram zu bauen. Die Lokalbehörde willigte ein, ihm das Land zu verpachten. Es wurde auf den Namen Priyanath Karar Swami eingetragen. Er bezahlte dafür nur eine Rupie als Pachtgebühr für neunundneunzig Jahre.

Gründung des Karar Ashrams

Der 22. März 1903 – Priyanath zufolge der Tag der Frühlings-Tagundnachtgleiche und nicht, wie herkömmlich, der 13. oder 14. April – war ein Meilenstein in der Geschichte des Kriya Yoga. Shri Lahiri Mahasaya hatte den heiligen Strom des Kriya aus dem entfernten Himalaya in die Ebenen gelenkt. Sein würdiger Schüler Priyanath erweiterte ihn, bis er sich mit dem Meer vereinigte, indem er an der Küste von Puri einen Ashram gründete.

Die Ausbreitung des Kriya hatte einen neuen Anfang genommen. Wie auf Gottes Geheiß, schenkte dieser Tag den geistig Suchenden in der ganzen Welt neues Leben. Der Tag des Äquinoktiums ist auch bekannt als der Tag seelischen Gleichgewichts. Die Sonne steht tagsüber genau über dem

Äquator. In spiritueller Hinsicht eignet sich dieser Tag besonders, um innere Ausgeglichenheit zu wahren. Den Yoga-Schriften zufolge fließt der Atem an einem solchen Tag tagsüber durch das rechte und nachts durch das linke Nasenloch. Fließt er gleichmäßig durch beide Nasenlöcher, bedeutet dies, dass Tag und Nacht gleich lang sind. Es heißt, dies sei die beste Zeit für geistige Übungen.

Gemeinsam mit vielen Anhängern und Schülern weihte Priyanath an jenem Tag ein kleines neues Haus zum Ashram. Er nannte ihn den Karar-Ashram, da man ihn unter dem Namen „Priyanath Karar Swami" kannte. Karar bedeutet Diener, *sevaka* oder *bhakta*. Der Ashram setzte sich zum Ziel, eine Schule für das Studium der Schriften und der Astrologie zu gründen, in erster Linie aber, den Kriya Yoga zu verbreiten. Diesem Ziel widmete Priyanath sein Leben. Bis zum heutigen Tage ist dieser Ashram weltweit als heiliger Ort bekannt.

Kapitel 5

VON PRIYANATH ZU SHRIYUKTESHWAR

Priyanath wird Shriyukteshwar

Als Kriya *yogacharya* widmete Priyanath sein Leben den geistig Suchenden. In dieser Zeit begegnete er Swami Jnananandaji Maharaj, einem weisen Mönch, der damals als Präsident der Bharata Dharma Mahamandala (einer fortschrittlichen religiösen und spirituellen Gesellschaft in Kashi) wirkte. Diese Organisation kannte man nicht nur in Kashi, sondern in weiten Teilen des Landes.

Swami Jnananandaji erkannte Priyanaths scharfen Intellekt, seine umfangreiche Kenntnis der Schriften und die Anzeichen eines großen spirituellen Lehrers. Er schlug ihm daher vor, sich offiziell zum Mönch oder *sannyasi* (im Swami-Orden) einweihen zu lassen, weil dies die Ausübung seiner Pflichten als spiritueller Lehrer fördern werde. Außerdem werde es keine Einwände seitens der Gesellschaftsmitglieder geben, da die Weihe zum Mönch ihn aller Formalitäten bezüglich Kaste und Glaubensüberzeugung entheben werde. Priyanath hatte bereits seit langem mit diesem Gedanken gespielt und nahm den Vorschlag freudig an.

Im Jahre 1906, am heiligen Tag von *Guru Purnima*, dem Geburtstag von Maharshi Vyasa, eines großen Lehrers und des Autors nahezu aller heiligen Schriften Indiens, trat Priyanath dem heiligen Mönchsorden der *sannyasin* bei. Shrimat Swami Krishna Dayal Giri Maharaj, das Oberhaupt eines Ashrams in Bodhgaya, assistiert von Jnanandaji Maharaj, führte ihn mit den erforderlichen vedischen Ritualen ein.

Üblicherweise verleiht der Guru, der die Weihe vornimmt, dem Betreffenden einen neuen Namen. Ungeachtet der Sprache, die der Einzelne sprach, hatte Priyanath bei seinen Studienprogrammen der Gita Sabha dem Namen der Person, die er anredete, stets das Präfix Shriyukta hinzugefügt. Aus diesem Grunde gab man ihm bei seiner Einweihung den Namen Shriyukteshwar. *Shriyukta* bedeutet wörtlich: „Einer, der vereint ist mit." *Ishwara* bedeutet Gott. Demnach bedeutet Shriyukteshwar: „Einer, der vereint ist mit dem höheren Selbst oder Gott." Mit jedem Atemzug nahm er den innewohnenden Gott wahr. Vor dem Namen eines Mönchs oder *sannyasi* steht immer die Bezeichnung Swami. Der Titel des Gurus wird ebenfalls an den Schüler weitergegeben. Da Priyanath den Titel „Giri" von seinem Guru erhielt, wurde er zu Swami Shriyukteshwar Giri.

Er studierte *advaita* (die Lehre des Nicht-Dualismus) bei seinem *sannyasa* Guru und erhielt den Segen der Shankaracharyas verschiedener *mathas*. Bevor er mit dem Segen seines Meisters nach Puri zurückkehrte, lebte er eine Weile bei ihm und lernte *yativrata*, die strikten Regeln und Vorschriften, die ein *sannyasi* einhalten muss.

Organisatorische Ausweitung

Swami Shriyukteshwars Hauptziel bestand darin, die Einheit aller Religionen herbeizuführen. Zu diesem Zweck wandte er sich unermüdlich an die Lehrer verschiedener Religionen und unterbreitete ihnen sein Vorhaben. Auf ihren Rat hin begründete er eine nationale Organisation mit dem Namen Nikhila Bharata Sadhu Mandala (Kongress der Heiligen Indiens).

Der Shankaracharya von Gobardhan Peetha von Puri (einer der vier von Adi Shankara in den vier Eckpunkten des Landes eingerichteten *mathas*), Seine Heiligkeit Jagadguru Swami Madhusudan Teertha, wurde einstimmig zum *mandaladhipati* (Präsidenten) der Organisation gewählt. Als Erstes musste sie dafür sorgen, die Lehre einer unabhängigen, ewigen Religion (*sanatana dharma*) zu verbreiten.

Swami Shriyukteshwar berief ein gesondertes Komitee, Sadhu Sabha, das sich um die organisatorischen Aufgaben kümmern sollte. Er selbst wurde einstimmig zum *sabhapati* gewählt. Am Anfang diente Priyadham als Büro. Um einen reibungslosen Arbeitsablauf zu gewährleisten, wurden weitere Posten vergeben, der des Vizepräsidenten (*sahakari sadhu sabhapati*) und der des Sekretärs (*sadhu sampadaka*) sowie des Beraters und Herausgebers der Zeitschrift *Sadhu Sambad*. Diese befasste sich in der Hauptsache mit dem Kriya Yoga, aber auch mit den heiligen Schriften, der Astrologie und anderen Themen.

Mit Hilfe einiger Schüler gründete man in Kolkata bald eine weitere Satsanga Sabha. Bekannt wurden Narendranath Basu, Narendranath Sen. (Herausgeber des *Indian Mirror*) und Roy Bahadur Radhacharan Pal. Die Arbeit der Organisation wirkte sich auch auf andere Orte, wie Serampore, Khidirpur, Kolkata, Varanasi, Jamalpur und Kanpur, aus und reichte bis in entfernt gelegene Dörfer sowie in die Medinipur-Distrikte Bengalens. Beeindruckt von der Einmaligkeit und Originalität des Kriya Yoga, strömten die Menschen herbei, um den Nektar dieser geistigen Übungen zu kosten.

Shri Shriyukteshwar beabsichtigte drei verschiedene Ashrams zu gründen, in die Aspiranten je nach Alter und Entwicklungsstufe entsandt werden sollten. Der erste sollte für junge Menschen bis zu einem Alter von fünfundzwanzig Jahren sein, die sich als *brahmacharis* im Ashram aufhalten und den geistigen Disziplinen widmen wollten. Für sie wählte er den Karar-Ashram in Puri.

Für diejenigen, die nach erfolgreich abgeschlossener erster Stufe ihre geistigen Übungen zu vertiefen gedachten, richtete er in einem gemieteten Haus in Varanasi einen weiteren Ashram ein, den sogenannten Pranav-Ashram. Den Aspiranten wurden eine Bibliothek, regelmäßiger spiritueller Unterricht sowie Programme für die gleichzeitige Entwicklung physischer und geistiger Fähigkeiten zur Verfügung gestellt. Außerdem bot man ihnen die Möglichkeit, fortgeschrittene Techniken zu erlernen und an anspruchsvollen Studien der Schriften teilzunehmen. Sein Mit-Ashramit, der berühmte Swami Pranavananda Giri, ein bedeutender Schüler von Shri Lahiri Mahasaya und Verfasser der *Pranava Gita*, stand Shriyukteshwar beim Aufbau dieses Ashrams tatkräftig zur Seite.

Ein dritter Ashram, der im Schoß des herrlichen Himalaya entstehen sollte, war für jene gedacht, die mindestens fünfzig Jahre zählten und einzig den Wunsch besaßen, Gottesverwirklichung zu erlangen. In diesem Ashram sollte ein einfaches Leben gelebt werden, geprägt von intensiven geistigen Übungen und völliger Hingabe an Gott.

Den Aspiranten aller drei Stufen empfahl er, ihre jeweiligen Disziplinen zu verfolgen und selbstlos zu dienen (*seva*), ohne etwas zu erwarten. Besonderen Wert legte er auf folgende Punkte:

1. Angemessene Ausbildung für Jungen und Mädchen
2. Studium und Besprechung der Schriften zusammen mit geistigen Übungen und selbstlosem Dienst der jüngeren Aspiranten
3. Die älteren Aspiranten, so sein Rat, sollten ein Leben in völliger Gotteshingabe führen.

Über allem stand die Ausübung des Kriya Yoga. Die gleichzeitige Entwicklung von Körper, Geist und Seele musste von den Aspiranten aller Stufen beachtet werden.

„Spirituelles Leben bedeutet nicht, irgendwelche Yoga-Stellungen einzunehmen, Mantras zu singen und bestimmte Techniken auszuüben. Sich davon Verwirklichung zu erhoffen, gleicht dem Bauen von Luftschlössern. Die gleichzeitige Entwicklung von Körper und Geist ist unabdingbar. Begrenzungen und Engstirnigkeit zurücklassend, sollte jeder wissenschaftlich fundiert praktizieren und mit einem höheren Ziel vor Augen voranschreiten."

Seine Ansichten zur Ausbildung

Swami Shriyukteshwar liebte die Menschen. Ebenso wie sich die Seele von den Fesseln des Körpers und der Sinnesorgane befreien muss, ist es notwendig, zu kämpfen und das Land von Fremdherrschaft zu befreien. Trotz aller Sozialreformen vermag sich ein Land nur dann wirklich weiterzuentwickeln, wenn es frei ist.

Obwohl er niemals öffentlich über die Notwendigkeit einer politischen Bewegung sprach, inspirierte er die Menschen in unterschiedlicher Weise. Er setzte sich für eine effiziente Infrastruktur des Bildungswesens ein und förderte den Gedanken gesellschaftlicher Zusammenarbeit. Er ermutigte Lehrer, das Studium der indischen Philosophie und Kultur zu betonen, da es der metaphysischen Entwicklung der Menschheit zugutekommen werde. Besonderen Wert legte er auf ein Lernprogramm unter der direkten Leitung eines Lehrers in einem ashram-ähnlichen Bildungssystem.

Für Swami Vivekananda hegte er große Achtung, nicht nur wegen seines Patriotismus, sondern auch wegen seiner Arbeit als spiritueller Lehrer. Mit seinen Zeitgenossen pflegte er gute Kontakte. Dazu gehörten Swami Brahmananda, Swami Shivananda und Schüler von Shri Ramakrishna Paramahamsa.

Swami Shriyukteshwar erachtete wissenschaftliche Fächer als äußerst wichtig. Er vertrat die Ansicht, dass sich jeder mit Physik, Psychologie, Geographie und Geschichte befassen sollte. Er befürwortete ein Schulsystem, das den Kindern auch Wohnmöglichkeiten bot. Es sollte auf der Kultur des Landes basieren, moralische und ethische Werte vermitteln und somit die Charakterbildung fördern. Er ermunterte die Schüler, neben einer soliden Allgemeinbildung, landwirtschaftliche Kenntnisse zu erwerben sowie handwerkliche Berufe zu erlernen. Er riet jungen Leuten, sich körperlich fit zu halten und der Gesellschaft in unterschiedlicher Weise zu dienen.

Obwohl er meinte, der Unterricht solle in der jeweiligen Muttersprache abgehalten werden, erkannte er, dass Sanskrit, Hindi und Englisch für eine höhere Schulbildung unverzichtbar waren. Kenntnisse in Philosophie, Astrologie und der Bhagavad Gita betrachtete er als unerlässlich für alle. Außerdem sollte jeder täglich einige Yoga-Übungen und *pranayama* (Atemkontrolle) durchführen sowie Hymnen und Mantras singen und Verse aus den Schriften lesen, um sich allumfassend zu entwickeln.

Seine jährlichen Reisen

Als Swami Shriyukteshwar in Puri lebte, stand er mit den *panchasakhas* (den fünf würdigen Söhnen) von Orissa in Verbindung. Pandit Godavarisha Mishra, einer der fünf *panchasakhas*, traf ihn mehrmals. In seiner Autobiographie *Ardhashatabdira-Odisha O Tahinre Mo Sthana* („Mein Platz in Orissa für ein halbes Jahrhundert") heißt es, dass er als Student und Anführer der indischen Freiheitsbewegung eine Zeit lang im Karar Ashram verbrachte. Pandit Godavarisha Mishra war ein bekannter Schriftsteller, Gelehrter, indischer Freiheitskämpfer und in späteren Jahren Bildungsminister in Orissa. (In Orissa gibt es zwei Gruppen von *panchasakhas*. Hier ist die Rede von den modernen *panchasakhas*: Gopabandhu, Godavarisha, Harihara, Kripasindhu und Neelakantha. Die altehrwürdigen *panchasakhas* waren eine Gruppe von heiligen Dichtern: Anan, Jagannath, Yashovanta, Achyutananda und Balarama.)

Swami Shriyukteshwar lebte während des Jahres jeweils vier Monate in Kashi, Bengalen und Puri, eine Einteilung, die er sein ganzes Leben beibehielt. Man weiß, dass er während seines Aufenthalts in Puri im nahen Sakshigopal die Vana Vidyalaya besuchte sowie Cuttack (die damalige Hauptstadt von Orissa) und mehrmals die Tempelstadt Bhubaneswar aufsuchte. Während seines letzten Lebensabschnitts verbrachte er mehrere Tage im Haus seines Schülers Shri Yogeshandra Roy Vidyanidhi, einem Physikprofessor am Ravenshaw College in Cuttack. Er besuchte das Physiklabor und untersuchte mittels eines Teleskops und anderer Instrumente die Stern- und Planetenpositionen.

Er liebte das geweihte Land von Orissa. Die Einfachheit und Frömmigkeit der Menschen beeindruckten ihn. Er schätzte ihren Geist des Dienens, ihre Spiritualität und ihren Glauben an die Astrologie.

Während seines viermonatigen Aufenthalts in Bengalen suchte er zahlreiche entfernt gelegene Dörfer auf und richtete geistige Zentren ein, die er zumindest einmal im Jahr besuchte. Er stellte bestimmte Programme zusammen, um die geistige Entwicklung der Menschen zu fördern. Bei seinen öffentlichen Seminaren sprach er über Kriya Yoga und andere Schriften, um die Lehre zu verbreiten.

Acharya Matilal Thakur

Matilal Thakur, der wichtigste Schüler Shriyukteshwars, hatte sein Leben vollständig dem Meister geweiht und ihn in jeder Hinsicht unterstützt. Eines Tages ereignete sich etwas, das sein Leben von Grund auf verändern sollte. Gewöhnlich fuhr er mit dem Zug von Serampore nach Khidirpur, wo er in einem Büro arbeitete. Eines Morgens hörte er auf dem Weg zum Bahnhof qualvolle Schreie. Sofort ging er auf den Mann zu, der unter starken Schmerzen litt. Mitleid erfüllte sein Herz. Er vergaß das Büro und kümmerte sich um den Mann. Er spürte einen Wandeln in seinem Inneren. Jemand schien ihm zuzuflüstern:

„Den Armen und Bedürftigen zu dienen, bedeutet, Gott zu dienen. Dies ist deine Pflicht für den Rest deines Lebens."

Dieser Vorfall beeindruckte ihn so stark, dass er seine Arbeit im Büro aufgab und sein weltliches Leben hinter sich ließ. Fortan half er bedürftigen und leidenden Menschen. Immer noch Familienvater, legte er alles zu Füßen seines Meisters und widmete sein Leben dem Dienst an anderen. Mit Hilfe einiger Gönner errichtete er nahe Serampore, in dem kleinen am Gangesufer gelegenen Dorf Chatara, ein Behandlungszentrum namens Bhaktashram. Den Armen und Notleidenden zu dienen, förderte seinen geistigen Fortschritt. Durch die vollkommene Hingabe an den Herrn gelang es ihm, durch die Gnade Gottes und der Meister, seine Familie auch weiterhin zu unterstützen.

Die tägliche Ausübung des Kriya Yoga förderte seinen geistigen Fortschritt. Der Meister, der ihn eines Tages besuchte, segnete und ermächtigte ihn, andere in den Kriya Yoga einzuweihen, was ihn zum *acharya*, zum spirituellen Lehrer, machte.

Zahlreiche Menschen, die sich von seinem göttlichen Wesen angezogen fühlten, kamen, um von ihm eingeweiht zu werden. Unter seiner Führung breitete sich der Kriya Yoga rasch aus. In der Nähe von Bhaktashram baute er eine kleine Hütte, in der er lebte und Aspiranten auf den Kriya-Pfad führte. Diese kleine Hütte wurde später unter dem Namen Gurudham bekannt. Matilal nannte sich selbst oft bescheiden *satchidananda*, einen Diener. Seine Schüler nannten ihn daraufhin liebevoll Satchidananda Swami.

Swami Shriyukteshwar und Acharya Matilal errichteten mehrere Satsanga Sabhas in verschiedenen Teilen des Medinipur-Distrikts. Ihre Reisen führten sie in entlegene Gegenden des Landesinneren von Bengalen, wo sie den einfachen Menschen in einleuchtender Weise den Kriya Yoga verkündeten und den wissenschaftlichen Hintergrund erläuterten. Die ländliche Bevölkerung, deren blinder orthodoxer Glaube mit der Zeit einem aufgeschlossenen, vernünftigen Denken Platz machte, nahm die Lehren begeistert auf. Sie wurden sich ihrer eigenen Göttlichkeit bewusst. In vielen Dörfern errichtete man Bibliotheken, Krankenhäuser und Schulen.

In Dörfern wie Handol, Ghatal, Ezmael Chuk, Gobardhanpur, Bhasuliya, Sabang und Khukurdah wurden Ashrams gegründet. Shriyukteshwar besuchte jeden dieser Orte mindestens einmal im Jahr, segnete die Menschen, löste viele ihrer spirituellen und weltlichen Probleme und vermittelte ihnen eine neue Sichtweise auf ihr Leben.

Mukunda Lal Ghosh

Im Jahre 1910 lebte Swami Shriyukteshwar in Ranamahal, an den Ufern des heiligen Ganges, in Kashi. Eines Tages ging er durch eine kleine Straße im Bengali Tolla Viertel. Da bemerkte er auf der anderen Straßenseite einen jungen Mann, der ihn unverwandt anschaute. Als sich ihre Blicke trafen, berührte etwas das Herz des jungen Mannes, das ihm das Gefühl gab, als kenne er diesen Mann schon lange. Erregt erkannte er in ihm seinen Meister und warf sich vor ihm nieder. Shriyukteshwar umarmte ihn wie einen geliebten Freund, den er lange nicht mehr gesehen hatte, und nahm ihn mit nach Ranamahal.

Es handelte sich nicht um einen gewöhnlichen jungen Mann. Mukunda Lal war der Sohn von Bhagawati Charan Ghosh und Prabhavati Devi, fortgeschrittene Schüler von Shri Lahiri

Mahasaya. Mukunda war von seinem Lehrer, Hamsa Swami Kebalanandaji, einem bekannten Schüler von Shri Lahiri Mahasaya, in den Kriya Yoga eingeführt worden.

Nach bestandener Aufnahmeprüfung besuchte Mukunda Lal die Universität, aber sein Herz hing mehr an den geistigen Dingen und weniger an dem Lehrplan. Den Studien schenkte er kaum Aufmerksamkeit und verbrachte die meiste Zeit zurückgezogen mit geistigen Übungen.

Schließlich verließ er die Universität und ging nach Kashi. Dort wohnte er in Bharata Dharma Mahamandala, einem der Ashrams zu Verbreitung des *sanatana dharma*. Er unterzog sich strengen geistigen Übungen und übernahm einige Pflichten, wie den Einkauf für den Ashram.

Nach seiner Begegnung mit Swami Shriyukteshwar hatte seine Suche nach einem Meister ein Ende. Mukunda Lal verlor sich in tiefer Kontemplation und vergaß die Welt. Er unterwarf sich seinem Meister und akzeptierte ihn als seinen geistigen Führer.

Babaji Maharaj hatte Swami Shriyukteshwar seinerzeit den Auftrag erteilt, den Kriya Yoga in der westlichen Welt zu verbreiten, und auf dessen Erstaunen geantwortet: „Zur gegebenen Zeit werde ich dir fähige Schüler schicken, an die du die Kriya-Technik weiterreichen und die du zur Verbreitung dieses altehrwürdigen Yoga in den Westen entsenden wirst. Er wird den Menschen in allen Lebensaspekten von Nutzen sein." Mukunda Lal war der erste Schüler, den er entsandte.

Als Mukunda Lal noch ein kleines Kind war, brachten ihn seine Eltern zu ihrem Guru, Shri Lahiri Mahasaya, damit er ihn segne. Der Meister weissagte: „Dies ist kein gewöhnliches

Kind. Eines Tages wird seine geistige Kraft viele suchende Seelen tragen, damit sie das Göttliche erreichen."

Beide Aussagen sollten sich in dem Moment bewahrheiten, in dem sich Mukunda Lal und Shriyukteshwar begegneten. Letzterer unterrichtete seinen Schüler unter Verwendung einfacher, allgemein logischer Begriffe. Bei seinen Worten durchpulste ein göttliches Vibrieren Herz und Geist des jungen Mannes. In der Gesellschaft des Meisters erlebte Mukunda Lal Glückseligkeit und Ekstase. Manchmal wurde er in einen Zustand erhoben, in dem es keine Gedanken gab und in dem er Shriyukteshwar als die Verkörperung des Göttlichen erkannte, fest verankert im Geist, den einzigen *sadguru* (den Meisterpropheten).

Nach einiger Zeit forderte Shriyukteshwar Mukunda Lal auf, nach Hause zurückzukehren. Dieser reagierte unwillig, da er bei seinem Meister bleiben wollte. Daraufhin gab Shriyukteshwar ihm unmissverständlich zu verstehen: „Wenn du nicht nach Hause zurückkehrst, werde ich dich nicht mehr als meinen Schüler akzeptieren." Beim Abschied fügte er hinzu: „Vergiss nicht, mich in einem Monat im Ashram in Serampore aufzusuchen."

Mukunda Lal verließ Kashi, kehrte aber nicht nach Kolkata zurück. Gemeinsam mit seinem Freund Jitin Majumdar besuchte er Agra, Brindavan, eine heilige, Krishna geweihte Stadt, sowie andere Orte. Innerlich unruhig, sehnte er sich nach Serampore. Schließlich stattete er seiner Familie in Kolkata einen Besuch ab, um dann unverzüglich nach Serampore weiterzureisen. Erst als er dem Meister erneut begegnete, fiel die Unruhe von ihm ab. Er war erleichtert. Der Guru ist der einzige spirituelle Führer im Leben eines Schülers. Der erhabene Shriyukteshwar akzeptierte diesen liebevollen Schüler und damit die Verantwortung für dessen spirituelle Entwicklung.

Auf Anweisung seines Meisters nahm Mukunda Lal seine Studien an der Universität wieder auf. Serampore lag nur vierzig Kilometer von Kolkata entfernt, was ihm die Möglichkeit gab, viel Zeit im Ashram zu verbringen. Er widmete sich intensiv der Ausübung der Kriya-Techniken. Shriyukteshwar lehrte ihn zahlreiche verborgene spirituelle Wahrheiten und sorgte für sein rasches Voranschreiten auf dem geistigen Pfad.

Nach bestandener Zwischenprüfung besuchte Mukunda Lal die Universität in Serampore, um zum Bachelor zu graduieren. Da ihm der Weg nach Kolkata erspart blieb, konnte er mehr Zeit in der Nähe des Meisters verbringen. Er lebte zwar in dem Wohnheim der Universität, hielt sich aber meistens im Ashram auf, weshalb er einen Großteil des Unterrichts versäumte. Nur durch die Gnade seines Meisters konnte er seine Studien erfolgreich zum Abschluss bringen. Sein inbrünstiges Verlangen und die regelmäßig ausgeführten Übungen erschlossen ihm neue Höhen auf dem Kriya-Pfad.

Nachdem er 1915 das Staatsexamen bestanden hatte, weihte ihn Shriyukteshwar offiziell zum Mönch (*sannyasi*) und gab ihm den Namen Swami Yogananda Giri. Serampore wurde zum Pilgerort für ihn, der Ort, an dem seine geistige Transformation ihren Abschluss gefunden hatte. Unter der Leitung Yoganandas fühlte sich eine Gruppe junger Leute inspiriert, den geistigen Pfad zu betreten. Shriyukteshwar, der ihren Enthusiasmus sah, legte die Verantwortung für das Satsanga Sabha-Zentrum in Kolkata in ihre Hände. Die jungen Leute widmeten sich dieser Aufgabe um Gottes und der Gurus willen.

Yogananda im Ausland

Im Jahre 1916 wurde Yogananda die Gelegenheit geboten, Japan zu besuchen. Er hatte seinen Meister nicht über diese Reise informiert. Als Swami Shriyukteshwar davon erfuhr, ging er zum Hafen, um sich persönlich von ihm zu verabschieden, obwohl er die Reise nicht rückhaltlos billigte. Yoganandas Japan-Aufenthalt erwies sich als nicht sehr erfolgreich, weshalb er bald in sein Heimatland zurückkehrte.

1920 reiste er als Vertreter Indiens in die Vereinigten Staaten, um dort an einem Seminar der Weltreligionen in Boston teilzunehmen, das von dem Kongress der Religiös-Liberalen organisiert worden war. Mit dem Segen seines Meisters wurde er zu einem glorreichen Repräsentanten Indiens. Sein Vortrag veranlasste zahllose Amerikaner, sich von ihm in den Kriya Yoga einweihen zu lassen. Unter dem Namen „Self Realization Fellowship" (SRF) gründete Yogananda in Kalifornien eine Organisation und kehrte nach siebzehn Jahren Aufenthalt in den Vereinigten Staaten nach Indien zurück. Dort wurde neben der bereits 1917 in Ranchi ins Leben gerufenen Yogoda Satsanga Society(YSS) eine weitere Organisation gegründet, die den Namen Shyamacharan Mission trug.

Kapitel 6

PRAKTISCHE LEHREN

Ratschläge für Asketen.
Die fünf Punkte des Swami Shriyukteshwar

1. Annahme des asketischen Lebens als Dienst an Gott
2. Verrichtung aller Arbeit, ohne vom Zentrum der Selbsterkenntnis abzuweichen oder alle Handlungen aus der Mitte der Selbsterkenntnis heraus auszuführen.
3. Dienen nur um der eigenen inneren Läuterung willen
4. Im Sein, in der Bewusstheit und in der Glückseligkeit verankert zu sein, ist das Wichtigste. Alle anderen Aktivitäten sind zweitrangig.
5. Bei allem auf *tapas, svadhyaya* und *ishwara pranidhana* achten.

Er legte großen Wert auf die Einhaltung dieser fünf Punkte, um ein erfolgreicher Mönch zu werden.

Swami Shriyukteshwar war ein starker Verfechter der vier Lebensordnungen des hinduistischen *sanatana dharma*. Er betrachtete sie als das wirkungsvollste Grundgerüst für eine friedliche und göttliche Lebensführung mit dem Ziel, Gotteserkenntnis zu erlangen.

1. *Brahmacharya*: Ein zölibatäres Leben unter direkter Führung eines Meisters sowie das Studium verschiedener Disziplinen, einschließlich Ethik und Metaphysik.

2. *Grihastha*: Ein Leben als Familienmensch, der die Gotteserkenntnis nicht aus den Augen verliert, während er die Verantwortung trägt, die Menschen der drei anderen Lebensordnungen zu unterstützen.
3. *Vanaprastha*: Jemand ohne weltliches Verlangen, der alle weltlichen Bindungen löst, um das Leben eines Asketen zu führen.
4. *Sannyasa*: Diejenigen, die einzig und allein nach Gotteserkenntnis trachten, dürfen dieser letzten Lebensweise folgen. *Sannyasa* wird gewöhnlich demjenigen Schüler vom Meister verliehen, der die erforderliche Reife erlangt hat.

Nach erfolgreichem Abschluss der *Brahmacharya*-Phase eignet man sich für die *Grihastha*-Stufe, entweder in der Familie oder weiterhin im Ashram mit dem Meister. Der Familienmensch sollte ein diszipliniertes Leben führen und diejenigen unterstützen, die sich für die drei übrigen Lebenswege entschieden haben.

Swami Shriyukteshwar wies die *brahmacharis* und *sannyasis* stets an, je nach ihrer Fähigkeit und Einstellung, bis zu ihrem fünfzigsten Lebensjahr den Menschen selbstlos zu dienen. „Verrichte deine geistigen Übungen vor Sonnenaufgang. Solange die Sonne am Himmel steht, diene anderen und widme dich wieder der spirituellen Praxis, sobald sie untergegangen ist."

Richtlinien für Familienmitglieder

Swami Shriyukteshwar durchlief alle vier Lebensabschnitte. Er war Familienvater und wurde Mönch. Er pflegte zu sagen, das Leben als Familienvater solle einem Fluss gleichen, der anderen dient. Familienväter sollten auf sich selbst achten, aber gleichzeitig dienen. Mindestens einmal im Jahr sollten sie ihr Haus verlassen und sich in der Abgeschiedenheit ausschließlich der geistigen Übung widmen, entweder allein oder unter direkter Anleitung eines Meisters. Daher stellte er jedes Jahr während der Frühlings-Tagundnachtgleiche ein dreitägiges Programm zusammen, dass Familienmitgliedern die Gelegenheit bot, in Gesellschaft des Meisters im Ashram zu weilen. Manchmal konnten sie verschiedene Ashrams und Tempel in Puri besuchen, wie den Jagannath-Tempel.

Swami Shriyukteshwar ermutigte und inspirierte die Mitarbeiter des Ashrams, die organisatorische oder administrative Arbeiten übernommen hatten. Der geistige Fortschritt seiner Schüler bereitete ihm große Freude. Viele selbstlose Familienmenschen trugen dazu bei, sein Werk in verschiedene Gegenden zu tragen.

Aufrichtige, stille Schüler

Unter den geistigen Schülern von Khidirpur befand sich der stille Amulyachara Santran. Obwohl einfach und ohne höhere Bildung, war er dem Meister sehr ergeben. Dank seiner regelmäßigen und aufrichtigen geistigen Übungen vermochte er die Lehren und die Weisheit seines Meisters aufzunehmen. Selbst erfahrene Gelehrte und Pandits wunderten sich über seine Kenntnis der heiligen Schriften. Dieser einfache Familienvater und still Meditierende wurde ein bekannter Schüler Shriyukteshwars und inspirierte in späteren Jahren viele Familienväter.

Bipin Bihari Bhuyan aus Khukuddah, einem Dorf im Medinipur-Distrikt, erzielte ebenfalls große spirituelle Fortschritte. Seine Entschlossenheit und Hingabe an den Meister waren einzigartig.

Bei Kriya handelt es sich um einen inneren Prozess, der in aller Stille im Urgrund des Geistes abläuft, was dem Betreffenden hilft, sich über die Mentalebene zu erheben. Diese innere Anbetung kann überall erfolgen. Die Stille der Natur unterstützt sie besonders wirkungsvoll.

Symbol des Kriya Yoga

Jedes heilige Symbol besitzt eine bildliche und eine spirituelle Bedeutung, die unseren Geist auf viele Wahrheiten lenken mag, die im Alltag ihre Anwendung finden können.

Das von Swami Shriyukteshwar gestaltete Kriya-Symbol stellt ein Diagramm dar, bestehend aus zwei Augenbrauen und dem dritten Auge. Die Sanskrit-Inschrift auf den Augenbrauen lautet: *mahajano yenah gatah sa pantha*, was bedeutet: „Dies ist der Pfad, den der Verwirklichte weist", entnommen der Mahabharata von Maharshi Vyasa. In der Mitte des dritten Auges befinden sich ein Stern und eine Mondsichel. Insgesamt gesehen, symbolisiert dieses wunderschöne Emblem die Kombination von Yoga, Meditation und geistiger Erfahrung. In jedem Menschen liegt unterhalb der Augenbrauen das Spielfeld der Sinnesorgane. Über den Augenbrauen erhebt sich das Reich der geistigen Erfahrung. Die beiden Augen repräsentieren die Dualität der Welt, wie Hitze und Kälte, Freude und Schmerz, Erfolg und Versagen. Über ihnen liegt das dritte Auge, das Auge der Weisheit und

Spiritualität. Es ist das Auge der Einheit und des Gottesbewusstseins.

Das dritte Auge, das *Ajna-Chakra*, liegt oberhalb der Augenbrauen in der Hirnanhangdrüse und wird als zweiblättriger Lotos dargestellt. Jedem Blütenblatt wird ein Sanskrit-Buchstabe zugeordnet: *ham, ksham* oder *sa*. *Ham* bezieht sich auf den grobstofflichen Körper und *sa* auf die Seele. Der geschlossene Lotos (drittes Auge) stellt sich als Blütenknospe dar. Da sich die meisten Menschen mit weltlichen Gedanken und Tätigkeiten beschäftigen, ist ihre Lotosknospe noch nicht erblüht. Die Ausübung des Kriya Yoga ermöglicht es, den zweiblättrigen Lotos zu öffnen und die Seele wahrzunehmen. Man beobachtet das Geschehen von der Seelenebene aus.

Der Stern repräsentiert den Punkt zwischen den Augenbrauen. Mond und Sterne symbolisieren die Nacht. In der Nacht vergessen die Menschen Gott, da sie sich vergnügen oder schlafen. In der Bhagavad Gita (2,69) heißt es.

ya nisha sarva bhutanam tasyam jagarti samyami
yasyam jagrati bhutani sa nisha pashyato mune

„Während der Zeit, die für alle Wesen Nacht ist, bleiben selbstdisziplinierte Individuen wach; wenn alle Wesen wach sind, ist es für den Weisen Nacht."

Der disziplinierte und hingebungsvolle Mensch schläft nicht, wenn die Nacht alle Geschöpfe umfängt. Die Nacht symbolisiert das Vergessen der inneren Göttlichkeit und der Gegenwart Gottes. Wachen und Beten hingegen sind die Zeit des Lichtes. In der Nacht vermögen selbst die nicht erwachten Menschen, trotz fehlender Sonne, Mond und Sterne zu sehen. Strebe danach, in der Dunkelheit wach zu bleiben, das heißt, sei dir der Gegenwart Gottes bewusst. Sei wachsam und erhebe dich aus dem Schlummer des Egos und der Unwissenheit.

Für die Mondsichel und den Stern gibt es mehrere Bedeutungen. Zum einen bedeuten sie, dass der Eine Gott stets mit dir ist und du Ihn nicht vergessen sollst.

Die zweite Bedeutung beinhaltet den inneren Wandel. Die schmale Mondsichel tritt am ersten Abend nach Neumond in Erscheinung, nur eine Spur am Himmel. Der Mond kann mit dem Geist in Verbindung gebracht werden. In der Purusha-Sukta heißt es: *chandrama manaso jatah.* „Der Mond wurde aus dem Geist des Kosmischen Wesens geboren." Ebenso wie der Voll- und der Neumond Ebbe und Flut bewirken, können sie im Geist Wogen der Unruhe auslösen. Hüte dich vor den Gezeiten des Geistes. Sie machen das Leben unglücklich. Die Mondsichel symbolisiert einen disziplinierten und geordneten Geist und ist ein Zeichen für geistiges Wachstum.

Gebiete der Ruhelosigkeit des Geistes Einhalt. Es bedarf nicht viel, in das Göttliche einzutreten, sich Gott zu nähern. Ein schmaler Mond bedeutet, den Geist vollkommen zu beherrschen. In den Locken auf dem Haupt Shivas befindet sich eine Mondsichel, die Göttlichkeit symbolisiert. Der Geist ruht im Gottesbewusstsein.

Der Stern stellt das Lebensziel dar, vergleichbar mit dem Polarstern. Der disziplinierte und andächtige Geist, der sich stets des Lebensziels bewusst ist, stellt die Zusammengehörigkeit von Mondsichel und Stern dar. Wenn man meditiert, erfährt man den Stern und das mondgleiche Licht. Der Geist sollte sich stets das Lebensziel vor Augen halten, um in allem das Göttliche zu erkennen.

Ein friedliches, liebevolles und gottbewusstes Leben zu führen, gelingt nur, wenn der Geist sich auf das Lebensziel konzentriert. Ignoriert er es, führt dies zu Schmerz und Unruhe. Wenn sich der Geist des Zieles bewusst ist, strebt er Licht, Göttlichkeit, Liebe und die Vereinigung mit Gott an. Dann ist das Leben wunderbar und wird immer vollkommener werden. Die Mondsichel und der Stern im Kriya Yoga-Emblem symbolisieren den disziplinierten Geist, der sich des Lebensziels bewusst ist.

Eine zweite Inschrift unterhalb des Emblems besagt:

kshanamiha sajjana sangatireka
bhavati bhavarnava tanane nauka

„Ein Moment in guter Gesellschaft befähigt, den weltlichen Ozean zu überqueren."
(Shri Adi Shankara, Bhaja Govindam 13)

Alle Heiligen und Weisen bereicherten ihr Leben durch gute Gesellschaft. Dazu bedarf es der eigenen Anstrengung und der Gnade Gottes. Gute Gesellschaft wirkt wie Feuer, das den Weihrauch entzündet, der das Haus mit Wohlgeruch erfüllt. Durch sie vermag man innere Schwächen und Boshaftigkeit zu überwinden und ein guter Mensch zu werden. Es ist wichtig, sich in der Gesellschaft inspirierender Menschen und in einem guten Umfeld aufzuhalten, was den Wunsch nährt, sich zu bessern. Das menschliche Leben gleicht einem fruchtbaren Boden. Soll er Ernte tragen, muss man ihn von Steinen und

Unkraut befreien, umgraben, den Samen säen, ihn wässern und hegen. Die Gesellschaft edelmütiger, sinnesgleicher, spiritueller, bescheidener und ehrlicher Menschen hilft uns, gut zu werden. Sie wird uns auf verschiedene Weise zuteil. Spirituelle Lehrer führen uns auf dem geistigen Pfad. Auch Bücher sind gute Begleiter. Befassen wir uns mit guten Büchern, wie der Bhagavad Gita, den Upanishaden, der Bibel oder anderer spirituell wertvoller Lektüre, gewinnen wir innere Stärke und Inspiration, um ein sinnvolles Leben zu führen. Ist man sorgsam und intelligent, kann man sich jeden Tag in guter Gesellschaft befinden.

Das höchste Ziel im Leben eines Menschen ist es, Liebe, Frieden, Glückseligkeit und Freude zu erfahren und den Zweck seines Erdendaseins zu erfüllen. Der Sinn, in dieser Welt zu leben, besteht nicht darin, materielle Güter anzuhäufen, sondern seine geistigen Schätze zu mehren, Liebe, Mitgefühl, Güte und Gott zu verwirklichen. Wir werden dorthin zurückkehren, woher wir kamen. Wir sind von Gott gekommen und müssen zu ihm zurückgehen. Viele Menschen vergessen das Lebensziel und verstricken sich in weltlichen Dingen. Man sollte wachsam sein und keine kostbare Zeit vergeuden. Folgt man dem Pfad des Meisters, wird man sein Lebensziel erreichen.

Betrachtet man das Emblem des Kriya Yoga aus dieser Sicht, erhält es eine völlig neue Bedeutung. In den einzelnen Symbolen verbergen sich wunderbare geistige Lehren, Anhaltspunkte, die uns ein großer spiritueller Lehrer gegeben hat, um uns auf unserem Weg zur Göttlichkeit zu unterstützen.

Unermessliche Weisheit

Swami Shriyukteshwar erreichte die höchste Weisheitsstufe. Die Tiefe seines göttlichen Wissens ließ sich kaum ermessen. Er betonte die Notwendigkeit, Sanskrit zu lernen. Da es den meisten Menschen schwerzufallen scheint, der Sanskrit-Grammatik zu folgen, entwickelte Shriyukteshwar Methoden, um sie verständlicher zu machen. Er schrieb ein Buch zu diesem Thema, in dem er verschiedene Schritte anführte, um den Lernstoff zu vereinfachen. Für Schulkinder schrieb er ein Lehrbuch für den Hindi- und Englisch-Unterricht und veröffentlichte einen Kommentar zu den einzelnen Kapiteln der Bhagavad Gita, in dem er die metaphysische Bedeutung darlegte. Darüber hinaus wird ihm ein Buch über Astrologie zugeschrieben.

Einige seiner Werke:
1. *Sadhu Vyakarana* (Sanskrit-Grammatik)
2. *Erstes Buch* (Englisch und Hindi für Anfänger)
3. *Saras Jyotish* (Einfache Astrologie)
4. *Kaivalya Darshana* (Die heilige Wissenschaft)
5. *Gita Tattwa*
6. *Shrimad Bhagavad Gita* (mit spiritueller Erklärung).

Wenn er Kindern Geschichten erzählte, hob er stets die moralischen und ethischen Aspekte sowie die Wichtigkeit der Disziplin hervor. Später interessierte er sich auch für die Bildung der Frauen, weil er erkannte, dass die Zukunft einer Nation von den Frauen abhängt. Da der Charakter und das ethische Verhalten einer Mutter einen starken Einfluss auf das

Priyanath Karar

Sein Guru, Shri Lahiri Mahasaya

Mahavatar Babaji Maharaj

Banyan Baum am Ufer von Serampore, wo sich
Priyanath und Mahavatar Babaji begegneten

Matilal Thakur, einer seiner ersten Schüler

Entstehung des Karar Ashrams, 22. März 1903

Shri Radharaman Dev,
ein berühmter Vaishnava-Heiliger

Shrimat Swami Krishna Dayal Giri Maharaj,
sein Sannyasa Guru

Swami Shriyukteshwarji

Swami Madhusudan Teertha,
der 142. Shankaracharya von Puri

In Shambhavi

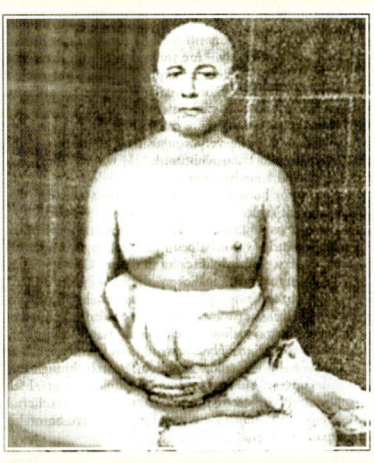

Sein Mit-Ashramit, Swami Pranavananda Giri,
ein bedeutender Schüler von Shri Lahiri Mahasaya

Der Meister mit seinem Schüler Yoganandaji

Im Speiseraum seiner Einsiedelei
mit Yoganandaji

Im Versenkungszustand

Sein Schüler Swami Satyanandaji

Ein Mönchschüler, Swami Paramananda Giri

Ein Mönchschüler, Swami Bhavananda Giri

Sein persönlicher Diener, Swami Narayan Giri (Prabhuji)

Ein Mönchschüler, Swami Shuddhananda Giri
(Bruder von Swami Satyanandaji)

Entspannt auf einem Stuhl sitzend

In der Meditation

Sein jüngster Schüler Rabindranath
(später bekannt als Paramahamsa Hariharananda)

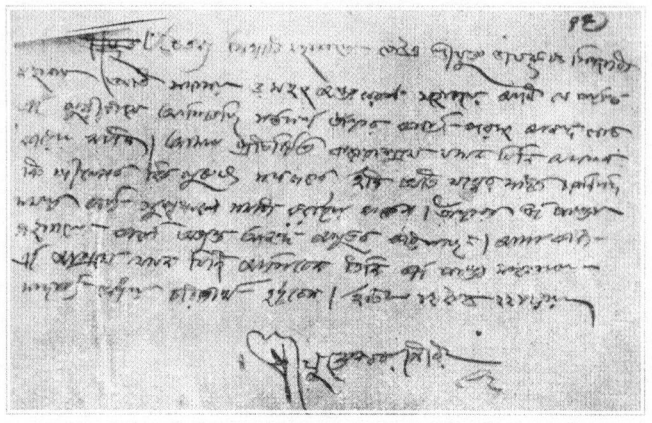

Seine Handschrift und Signatur

Übersetzung:

Der Enkel des verstorbenen Chaitanya Shringari Mohashaya, Shri Jaikrishna Shringari Mohashaya, ist eine große Seele mit einem reinen Herzen. Seit meinem ersten Besuch im Puri Ashram empfinde ich große Freude durch den geistigen Dienst, der von ihm ausgeht. Wer auch immer in den Karar Ashram, den ich gegründet habe, gekommen ist, Mann oder Frau, wird mit großer Sorgfalt und Achtsamkeit im darshan *und in der* puja *für Lord Jaganannath unterwiesen. Alle empfangen große Freude durch den geistigen Dienst, den Panda Mohashaya möglich gemacht hat. Wer auch immer in den Ashram kommt und wann auch immer das sein mag, wird, so hoffe ich, die Unterstützung von Panda Mohashaya empfangen und sich zufrieden fühlen.*

Das von ihm entworfene Kriya-Logo

In tiefer innerer Versenkung

Swami Shriyukteshwarjis Mahasamadhi im Karar Ashram in Puri

Während des Aufbaus des Shriyukteshwar-Samadhi-Tempels im Karar Ashram (1950-1951)

Sein Samadhi-Tempel im Karar Ashram

Paramahamsa Hariharananda verehrt
seinen Meister im Samadhi-Tempel

Seine Statue im Shri Guru Mandir
in Hariharananda Gurukulam, Balighai, Orissa

Kind ausübt, befürwortete er die Bildung und Unabhängigkeit der Frau. Er erinnerte sich stets an die Worte seiner Mutter: „Wenn jemand unter einem Chef arbeitet, wird er zum Sklaven", was ihn veranlasst hatte, seinen Job aufzugeben. Er plante, in einem der Ashrams eine Mädchenschule zu gründen, was sich leider nicht verwirklichte.

Swami Shriyukteshwar war ein äußerst disziplinierter Mensch, was ihn nach außen hin manchmal grob erscheinen ließ. Obwohl sein Herz vor Liebe überströmte, duldete er an seinen Schülern keine negative Eigenschaft und zeigte sich mitunter so empört, dass es seine Schüler als schier untragbar empfanden. Da sie seine Göttlichkeit und seine Liebe spürten, respektierten sie ihn und bemühten sich, seinen Erwartungen entsprechend zu leben. Sein Einfluss übte einen positiven Einfluss auf ihre Entwicklung aus.

Swami Shriyukteshwar brachte allen Lehrern, Beratern und Arbeitern in der Organisation große Achtung entgegen. Ehe er eine Entscheidung traf, beriet er sich mit ihnen auf demokratische Art. Er nahm einige Waisen und arme Kinder im Ashram auf und kümmerte sich persönlich um sie. Obgleich er in der Öffentlichkeit als eine unnachgiebige und starke Persönlichkeit wahrgenommen wurde, war er in Wirklichkeit ein schlichter, erhaben denkender und sehr disziplinierter Meister, der das Gleiche von seinen Schülern erwartete. Einige Schüler und Mitwirkende der Organisation, die ihn anfangs verlassen hatten, weil sie seine Kritik nicht ertragen konnten, kamen zurück, als sie sein Interesse an ihnen erkannten. Liebevoll nahm er sie wieder auf.

Shriyukteshwar hob immer wieder die Selbstachtung hervor und riet seinen Schülern, sich niemals selbst zu erniedrigen, sondern durch eigene Anstrengung zu erhöhen. Seine Ernsthaftigkeit und strenge Disziplin ängstigten sie mitunter so sehr, dass sie in seiner Gegenwart nicht zu sprechen wagten. Sobald er eine humorvolle Geschichte erzählte, schien er allen ein enger Freund zu sein. Die meiste Zeit verbrachte er in *shambhavi mudra* (Meditation mit offenen Augen). Selbst wenn er mit jemandem sprach, verweilte er in diesem Zustand, ohne ihm in die Augen zu schauen.

Einige seiner Schüler

Unter den zahlreichen Schülern – Mönchen, *brahmacharis,* und Familienvätern – sind folgende besonders bekannt:

1. Acharya Matilal Thakur (später Swami Satchidananda)
2. Manmohan Ghosh (Swami Satyananda Giri)
3. Mukunda Lal Ghosh (später der weltbekannte Paramahamsa Yogananda)
4. Swami Paramananda Giri
5. Swami Bhavananda Giri
6. Swami Narayan Giri (der persönliche Diener von Shriyukteshwar)
7. Amulya Kumar Santra
8. Bijoy Krishna Chatterjee
9. Dr. Bipin Bihari Bhuyan
10. Sailendra Bijoy Dasgupta
11. Rabindranath Bhattacharya (Brahmachari Rabinarayan, später Paramahamsa Hariharananda)

Kapitel 7

DER BAUM UND DIE FRÜCHTE

Swami Satyananda Giri

Manmohan, der schon sehr früh seine spirituelle Neigung zeigte, war seit Kindertagen mit Mukunda Lal (Paramahamsa Yogananda) befreundet. Durch ihn kam er in Kontakt mit Swami Shriyukteshwar. Nach Abschluss seines Universitätsstudiums weihte ihn sein Meister in Anwesenheit von Yogananda zum Mönch, und er erhielt den Namen Swami Satyananda Giri.

Dieser einfache, reine und bescheidene Mann stand Yogananda lange Zeit zur Seite, um die draußen in der Welt lebenden Menschen auf ihrem geistigen Pfad zu führen. Er betätigte sich viele Jahre lang als *acharya* und Präsident des Ranchi Ashrams. Nach dem Tod von Shriyukteshwar verließ er Ranchi und ging nach Puri, wo er bis zu seinem Tod, im Jahre 1971, als Präsident des Karar Ashrams weilte. Er verbrachte ebenfalls einige Zeit mit Gandhiji in dem berühmten Sabarmati Ashram sowie im Ramanashram in Arunachal.

Mit Hilfe vieler ergebener Schüler errichtete er die Satsang-Mission, Sevayatan, in Jhargram im Medinipur-Distrikt, um den Menschen in vielerlei Hinsicht zu dienen. Er verbreitete den Kriya Yoga in mehreren Teilen Ost-Indiens. Er galt ebenfalls als Dichter und Schriftsteller. Seine einfache und demütige Lebensweise wird die Erinnerung an ihn wachhalten.

Swami Paramananda Giri und Swami Bhavananda Giri, die beiden Mönchschüler des erhabenen Meisters Shriyukteshwar, lebten ein tief spirituelles Leben, während sie den Kriya Yoga verbreiteten.

Prabhuji

Swami Narayan Giri, allgemein bekannt als Prabhuji, war ebenfalls ein Mönchschüler von Shriyukteshwar. Er wurde im Medinipur-Distrikt geboren und lebte als Waise bei seinem Onkel mütterlicherseits. Angetrieben von seiner spirituellen Suche, verließ er sein Zuhause bereits in jungen Jahren und kam zu Shriyukteshwar. Er warf sich dem Meister zu Füßen und diente ihm mit großer Hingabe. Viele Schüler fürchteten die Strenge des Meisters und wollten nicht bleiben. Prabhuji war entschlossen, bei seinem Meister auszuharren und sich weder von Lob noch Tadel beeindrucken zu lassen. Trotz einiger schwieriger Situationen hielt er allen Prüfungen stand, verweilte im Gottesbewusstsein und diente seinem Meister bis zu dessen Ende.

Da er nach dem Tode Shriyukteshwars nicht mit der Führung des Karar Ashrams einverstanden war, gründeten er und sein Mit-Ashramit Brahmachari Rabinarayan (der spätere Swami Hariharananda) in einem entlegenen Dorf von Bhisindipur einen kleinen Ashram, in dem er den größten Teil seines Lebens zurückgezogen in Meditation verbrachte. Er weihte niemanden in den Kriya Yoga ein. Wenn ihn jemand darum bat, verwies er ihn an seinen Mitbruder Swami Hariharananda. Prabhuji pflegte jedes Jahr am 22. März den Karar Ashram in Puri zu besuchen, um an der Feier zu dessen Gründungstag teilzunehmen.

Der Verfasser besaß das Privileg, Prabhuji in Puri eine Weile dienen zu dürfen und seinen Segen zu empfangen. Er war von Bhisindipur gekommen, um sich wegen einer Krankheit behandeln zu lassen, erholte sich aber nicht mehr und verließ seinen Körper im Oktober 1985.

Sein jüngster Schüler

Der jüngste Schüler von Swami Shriyukteshwar ist der weltweit bekannte Paramahamsa Hariharananda. Dieser hochqualifizierte junge Mann kam 1932 im Alter von fünfundzwanzig Jahren zum Meister. Über seine Begegnung berichtet er:

„Swami Shriyukteswar ist wahrlich ein Schüler von Yogiraj Lahiri Mahasaya. Durch meinen Guru, den Familienvater *jnanayogi* Shrimat Bijoy Krishna Chattopadhyaya von Howrah, der voller Hochachtung über die göttliche Persönlichkeit sprach, erfuhr ich von ihm. Als ich hörte, dass er *nirvikalpa samadhi*, den höchsten geistigen Zustand, erreicht hatte, verspürte ich den starken Wunsch, ihm zu begegnen.

Wo ein Wille ist, da ist auch ein Weg. Die goldene Gelegenheit ergab sich bald von selbst. Als ich von seinem Aufenthalt in Priyadham erfuhr, reiste ich nach Serampore. Ich hatte auch gehört, dass er manchmal recht arrogant und unwirsch sein konnte, was mich ein wenig beunruhigte. Aber warum sollte ich mich vor einem verwirklichten göttlichen Menschen fürchten? Wenn man die Bienen fürchtet, nähert man sich nicht der Bienenwabe. Wie kann man dann aber die Süße des Honigs kosten? Innerlich gefestigt, näherte ich mich dem Eingang seines Zimmers.

Ich schaute in das Innere des Raumes. Welch ein Anblick! Der *mahayogi* saß im Lotossitz, im Zustand absoluter Ruhe und vollkommenen Friedens, die Augen weit geöffnet, ohne sie auf irgendetwas zu richten. Dieser von Göttlichkeit erfüllte, tiefe, leere Blick zog mich unwiderstehlich an. Seine Seinsebene vermochte ich nicht zu ermessen. Ich war noch niemals zuvor jemandem mit einer solchen Ausstrahlung begegnet. Er war etwa 1,85 m groß, von kräftigem Körperbau und heller Gesichtsfarbe. Sein muskulöser, breiter Brustkasten unterstrich seine vergeistigte Natur. Der Anblick dieser geistigen und körperlichen Kraft wirkte überwältigend. Die Aufmerksamkeit auf seine Lotosfüße heftend, sah ich göttliches Licht aus seinem Körper strahlen. Meine Angst war verflogen. Ich erkannte, dass er sich in der Versenkung befand.

Langsam senkte er den Blick und schaute mich einen Moment lang an, ehe er sich wieder nach innen wandte. Der kurze Blick gab mir die Gewissheit, dass er meine Anwesenheit im Raum billigte und mich ermutigte, auf ihn zuzugehen. Außer uns war niemand im Zimmer. Voller Liebe und Hingabe warf ich mich zu seinen Füßen. Mein Kopf berührte seine Zehen. Ich verweilte einige Minuten und fühlte etwas von der göttlichen Energie durch meinen Körper rieseln. Langsam richtete er mich auf, nahm meinen Kopf in seine Hände und küsste mich auf die Stirn. Dann forderte er mich auf, mich neben ihn zu setzen.

Ich konnte nicht verstehen, dass man ihn als unhöflich und hochmütig bezeichnet hatte. Er strömte über von Liebe und bot mir eine halbmondförmige Süßigkeit aus Käse, Kokos und Zucker (*chandrapuli*) an. Ich wollte sie nicht dort essen, sondern sie in ein wenig Papier einwickeln und mitnehmen, um meine Freunde und Verwandten an dieser gesegneten Speise (*prasad*) teilhaben zu lassen. Meine Gedanken lesend, meinte er lächelnd: „Iss nur! Ich werde dir mehr davon geben, bevor zu wieder gehst." Ich aß mit Freuden. Er goss mir Wasser aus seiner Schale in den Mund. Unsere Beziehung vertiefte sich. Meine Angst war verflogen. In seiner Gegenwart fühlte ich mich frei.

„Wie heißt du?", fragte er

Höflich antwortete ich: „Rabindranath Bhattacharya." Dann erkundigte er sich nach meinem Heimatort, dem Namen meines Gotras (Rishi Clans, der in der Hindu-Tradition üblich ist) und meinem Sternzeichen. Ehe ich antworten konnte, wollte er wissen, ob es sich bei meinem *gotra* um Hari Hara handelte. Es überraschte mich, dass er dies wusste. Er erkundigte sich nach meinen Eltern und meiner Familie und zeigte sich angetan, dass wir Brüder eine höhere Bildung genossen hatten und über eingehende Kenntnisse der Schriften verfügten.

Dann fragte er: „Kennst du dich in der Astrologie aus?"

„Mein Vater lehrte mich Astrologie und die Handlesekunst sowie Puja-Mantras", erwiderte ich. Meine Antworten, meine Erziehung und mein Lebenswandel sowie der spirituelle familiäre Hintergrund schienen ihm zu gefallen.

„Weißt du etwas über dein Geburtshoroskop?", fragte er weiter. Ich bejahte. Mein Vater hatte mit allen seinen Kindern über deren Horoskop gesprochen. Ferner wollte der Meister Einzelheiten über die Planetenstellungen wissen. Ich antwortete ihm nach bestem Wissen. Daraufhin sprach er über meine Zukunft und mein Leben als Mönch. Er las mir aus der Hand und zeigte mir die *sannyasa* Linie. Obwohl mich diese Vorhersagen mit größter Freude erfüllten, meinte ich ein wenig ängstlich und zögernd: „Aber ich besitze nicht die Eigenschaften eines *sannyasin*."

Er erwiderte: „Du stammst aus einer Brahmanen-Familie und kennst dich in den Schriften und feierlichen Ritualen aus. Ein Brahmane neigt in besonderer Weise zur Spiritualität. Daher verfügst du über ein großes Potenzial, rasch auf dem geistigen Pfad voranzuschreiten. Ich besitze nicht den Körper eines *brahmin*. Du hingegen weist alle erforderlichen Wesenszüge auf und wirst die Wahrheit sehr viel anstrengungsloser verwirklichen können."

Er weihte mich in den Kriya Yoga ein. Unter seiner Führung lernte ich diese uralte Technik und erhielt Unterricht in kosmischer Astrologie. Es war sein aufrichtiger Wunsch, mich zum Mönch zu weihen und im Karar Ashram zu behalten.

Er meinte: „Puri ist ein heiliges Pilgerzentrum. Als ich das erste Mal nach Puri reiste, musste ich den Dampfer nehmen. Es gab noch keine Eisenbahn. An der Küste gründete ich später den Karar Ashram. Ich hätte gerne gesehen, dass Yogananda ihn weiterführt und von hier aus den Kriya Yoga verbreitet, aber sein Schicksalsweg deckt sich nicht mit meinen Erwartungen. Seit langem suche ich vergebens nach einer geeigneten Person, die den Ashram leiten kann. Seit heute fühle ich, dass mein geliebter Karar Ashram eine Zukunft hat. Du kommst aus einer Brahmanen-Familie und bist ein Kenner der Schriften und der Astrologie. Gebildete Menschen und Anhänger aus der ganzen Welt würden sich in Puri versammeln, um den *darshan* Jagannaths zu empfangen. Die Leute in Orissa sind sehr spirituell veranlagt. Wenn ein *sadhaka* (geistiger Schüler) von deinem Format käme, wäre dies für die Menschen von Orissa, besonders für die gebildeten, ein großer Segen."

Zu jenem Zeitpunkt fehlte mir die geistige Reife, um das Angebot meines Meisters anzunehmen. Obwohl ich noch als Angestellter arbeitete, suchte ich regelmäßig seinen Rat und verbrachte jedes Wochenende und meinen Urlaub in seiner Gegenwart.

Obgleich man ihn allgemein für sehr ernsthaft hielt, war er für mich ein Quell der Liebe. Manchmal lachte er laut auf, wenn wir uns unterhielten. Sein ungezwungenes Verhalten mir gegenüber erstaunte viele seiner Schüler.

Selbst wenige Monate vor seinem *mahasamadhi* bestand er darauf, dass ich im Karar Ashram leben sollte. Jedes Mal erwiderte ich demütig: „Ich fühle mich noch nicht reif dazu, aber wenn es so weit ist, werde ich mit Sicherheit hier leben. Bitte schenken Sie mir Ihr Wohlwollen und Ihren unendlichen Segen.'"

Weitblick

Swami Shriyukteshwar war eine hoch entwickelte Seele und ein wahrer Meister. Viele seiner Schüler erlangten Verwirklichung. Gott und der verwirklichte Meister sind immer eins. „Jemand, der Gott erkennt, wird oder ist wie Gott." (Mundaka Upanishad 3; 2,9) Da Gott allwissend ist, weiß er alles, noch bevor du die Frage stellst. Das Gleiche gilt für den wahren Meister. Vielen Menschen fehlt es an Selbstvertrauen, sich einem solch göttlichen Wesen zu nähern und sich zum Ausdruck zu bringen. Der Meister akzeptiert alle Schüler gleichermaßen. Nimmt er eine herausragende Eigenschaft in ihm wahr, wird er stolz auf ihn sein. Ein Meister ist erfolgreich, wenn sich zumindest einer seiner Schüler auszeichnet. Bemerkt er in einem Schüler eine Unvollkommenheit oder Unreinheit, wird er ihn tadeln, was nicht bedeutet, dass er ihn verurteilt. Er will ihn läutern und ihm auf seinem schwierigen geistigen Pfad helfen. Viele korrigieren sich, während charakterlich schwache Schüler sich erregen und den Meister zu meiden suchen. Dennoch wird dieser durch seine liebevolle göttliche Berührung und kosmische Kraft das Leben vieler Schüler transformieren und ihnen helfen, sich nach innen zu wenden.

Ein würdiger Meister

Swami Shriyukteshwar kümmerte sich stets um die Gesamtentwicklung seiner Schüler und stellte ihren physischen, mentalen, intellektuellen, ethischen und vor allem ihren spirituellen Fortschritt sicher. Er vertrieb jegliche Angst.

Mukunda Lal (Yoganandaji) ist ein gutes Beispiel. Er hatte seine ganze Zeit mit dem Meister in Meditation und spiritueller Übung verbracht und seinen Studien kaum Beachtung geschenkt. Seinem Examen blickte er bedrückt entgegen.

In der Bhagavad Gita (9,22) heißt es, dass der Herr für einen Schüler, der unablässig meditiert, die Verantwortung für dessen Wohlergehen übernimmt. Mit Shriyukteshwars Segen bestand Yogananda sein Abschlussexamen. Dank der unermesslichen Gnade seines Meisters kannte er die Fragen und Antworten bereits vor Beginn des Examens. Obwohl er unzureichend vorbereitet war, blitzten die Antworten während der Prüfung in seinem Geist auf.

Ein anderes Mal hielten Yogananda starke Magenschmerzen davon ab, zu meditieren oder sich auf seine Studien zu konzentrieren. Alle Behandlungen und Medikamente schlugen fehl. Er suchte seinen Meister auf und verneigte sich vor ihm. Innerhalb kürzester Zeit war er vollkommen genesen. Das unermessliche Mitgefühl des Meisters hatte ihn geheilt.

Shashi, ein Klassenkamerad von Mukunda Lal, war ebenfalls ein Schüler Shriyukteshwars. Jede Woche suchte er den Meister in Serampore auf, um in seiner Gegenwart zu weilen. Shriyukteshwar liebte ihn sehr, warf ihm aber mehrmals seinen undisziplinierten, ausschweifenden Lebensstil vor. Shashi beachtete seine Worte nicht und erkrankte schließlich an Tuberkulose. Nachdem keine Behandlung Erfolg zeigte und er im Sterben lag, blieb nur noch eine Hoffnung. Er ging zu seinem Meister, der zum damaligen Zeitpunkt im Haus eines Schülers in Kolkata weilte, und flehte um sein Leben.

Swami Shriyukteshwar sprach kein Wort und reagierte abweisend auf sein Flehen. Dann aber rührten die Hilferufe an sein Herz. Voller Mitgefühl segnete er den jungen Mann und versicherte ihm, dass er bald genesen werde. Kurz darauf wurde Shashi wieder vollkommen gesund, als sei er auferstanden.

Der Meister befreite viele Menschen von tödlichen Krankheiten wie Diabetes, Tuberkulose, Lähmungen und Epilepsie. Der Arzt Narayan Chandra Roy, ein Atheist, der nicht an göttliche Kräfte glaubte, litt unter schwerem Diabetes. Yoganandaji behandelte ihn mit einem Amulett des Meisters (einem kleinen, mit einer heiligen Substanz gefüllten Metallzylinder, der an einer farbigen Schnur um den Arm getragen wird.) Da der Arzt nach seiner Genesung die strikten Diätregeln nicht befolgte, starb er schließlich.

Mukunda Lal beabsichtigte, mit seinen Freunden eine Reise nach Kaschmir zu unternehmen. Shriyukteshwar meinte, er könne sie nicht begleiten, riet ihnen aber nicht von der Reise ab. Man vereinbarte einen Termin und traf Vorkehrungen. Mukunda Lal hatte seine Freunde zur Bahnstation geschickt, während er bis kurz vor Abfahrt des Zuges bei seinem Meister im Ashram bleiben wollte. Doch dann erlitt er einen Cholera-Anfall. Shriyukteshwar und andere kümmerten sich um ihn. Man zog einen Arzt hinzu und war die ganze Nacht über sehr besorgt. Unterdessen waren die Freunde, die am Bahnhof warteten, unruhig geworden, hatten aber nach Abfahrt des Zuges keine andere Wahl, als die Nacht dort zu verbringen. Am nächsten Morgen eilten sie in den Ashram und erfuhren, was geschehen war. Inzwischen hatte sich Mukunda Lal erholt und schwebte nicht mehr in Lebensgefahr. Plötzlich erkannten er und seine Freunde, dass der Meister, der in die Zukunft zu blicken vermochte, die Reise nicht angetreten hatte, um das Leben seines Schülers zu retten. Später holte er diese in Begleitung seiner Schüler nach.

Gelassenheit

Eines Tages suchte ein Beamter den Ashram auf, um Shriyukteshwar eine Vorladung vom Gerichtshof bezüglich Grundstücksfragen zu überbringen. Der überhebliche Beamte, der offensichtlich seine Macht demonstrieren wollte, redete den Meister mit unflätigen und überflüssigen Worten an. Mukunda Lal und Kanai wurden Zeuge dieser Szene. Sie empörten sich über die hässlichen Bemerkungen und das freche Gebaren dieser Person. In ihrem jugendlichen Eifer hätten sie sich am liebsten auf ihn gestürzt und ihn hinausgeworfen. Als sich die Lage zuspitzte, stellte Shriyukteshwar die beiden Schüler im Beisein des Beamten zur Rede, was ihm die Flucht ermöglichte. Später wurde sich dieser seines arroganten Auftretens bewusst und erkannte die Güte und Gelassenheit des Meisters.

Ein weiser und verwirklichter Mensch ist ein wahrer Meister, heißt es in den heiligen Schriften. Zum Thema Guru meinte Shriyukteshwar: „Es hat nichts Besonderes mit dem Begriff *guru* auf sich. *Guru* bedeutet „schwer" und „stark" und beschreibt jemanden, der schwerer und vollendeter ist als andere. Jeder, von dem du etwas lernst, ist ein Guru oder ein Meister. Wenn erforderlich, suche man nach einem vollkommeneren Meister, nachdem man von jemandem mit geringeren Fähigkeiten gelernt hat, vergleichbar mit einem Universitätsprofessor und einem Schullehrer. Wichtig ist, dass man beiden Lehrern Hochachtung entgegenbringt."

Zur Klärung fügte er hinzu: „Obwohl ein Mensch durch Beharrlichkeit und Entschlossenheit die höchste Weisheitsebene erreichen mag, wird er nicht jene absolute Vollkommenheit des Göttlichen erlangen, die ohne Anfang und Ende ist. Je nach Wahrnehmungsvermögen des Schülers spiegelt sich die Weisheit des Meisters im Leben eines aufrichtigen Schülers wider. Dieser erkennt, dass der Meister reines Bewusstsein (*chit*) jenseits der groben Sinne ist. Er wird sich der absoluten Einheit zwischen Gott und Guru in sich selbst bewusst, nachdem er die göttliche Berührung der unendlichen Energie wahrgenommen hat. Er begreift, dass der Guru Gott und Gott der Guru ist."

Swami Vivekanandas Glaube und Hochachtung für seinen Meister, sein Bemühen und sein Selbstwert machten Ramakrishna Paramahamsa weltbekannt. Sich auf seinen Meister Shri Lahiri Mahasaya beziehend, meinte er häufig: „Man kann ihn lieben und schätzen. Aber seinen wahren Wert erkennt man erst, wenn man in seiner heiligen Gesellschaft weilt. Ohne die rechte Wahrnehmung führt das bloße Hören zu nichts."

shraddhavan labhate jnanam

„Wer glaubt, dem wird Weisheit gegeben", heißt es in der Bhagavad-Gita (4,29).

Verankert in der Wahrheit, wird man durch regelmäßiges inbrünstiges und aufrichtiges Bemühen den göttlichen Nektar kosten. Mit dem Feuer der Weisheit wird der Meister die Vergehen seines eingeweihten Schülers ausmerzen, um ihm ein Voranschreiten auf dem geistigen Pfad zu ermöglichen.

Bei der Einweihung gab Shriyukteshwar häufig den Rat: „Man sollte nicht davon ausgehen, dass die göttliche Berührung und die Einweihung durch einen Meister genügen, um auf eine höhere Ebene emporzusteigen oder befreit zu werden. Obwohl die göttliche Berührung und die Gegenwart des Meisters, die Verkörperung der Weisheit, den Schüler durch die Offenbarung dieser Weisheitsebene stark fördert, reicht dies nicht aus. Man muss sich ernsthaft, diszipliniert und in absolutem Glauben an den Meister bemühen, um dessen Gnade und seinen Segen zu erhalten. Manche Menschen suchen verschiedene Lehrer auf und praktizieren unterschiedliche Techniken, was zu immer mehr Verwirrung führt. Treue zum Meister und Regelmäßigkeit in den Übungen bringen geistigen Fortschritt."

Anhand einer Parabel verdeutlichte er seine Worte.

In einem wunderschönen Wald lebten einmal ein Fuchs und ein Kater, die eng miteinander befreundet waren. Sie unterhielten sich oft über ihr Leben. Eines Tages kamen sie auf das Thema der Selbsterhaltung zu sprechen. In leicht selbstgefälligem Ton fragte der Fuchs: „Nun, mein Freund, wie viele Techniken beherrschst du, um dich in Lebensgefahr zu retten?"

Die Antwort kam spontan. „Mein Bruder, wenn ich Gefahr wittere, kenne ich nur eine Technik. Ich klettere auf einen Baum."

Der Fuchs entgegnete geringschätzig: „Falls dies deine einzige Technik ist, muss dein Leben recht armselig sein."

Die Kritik seines Freundes überhörend, fragte der neugierig gewordene Kater: „Sage mir, lieber Fuchs, wie viele Techniken kennst du denn?"

Der Fuchs entgegnete stolz: „Das ist eine lange Geschichte. Lasse dich nieder und höre zu. Aber zuerst muss ich mein Notizbuch holen, in dem alles im Einzelnen aufgeführt steht, was ich im Laufe der Jahre von verschiedenen Lehrern gelernt habe und wie ich mich in den jeweiligen Situationen verhalten muss." Der Fuchs eilte fort und kehrte mit einem dicken Buch zurück, aus dem er mit offensichtlichem Stolz vorlas. Auf der einen Seite stand: „Davonlaufen!" Auf einer anderen: „Hinter einem Busch verstecken." Und weiter: „In ein Loch verkriechen." Überheblich zählte er alle Techniken auf, die er erlernt hatte.

Während sich die beiden unterhielten, rannte ein grimmig dreinblickender Hund auf sie zu. Der Kater rief aufgeregt: „Vorsicht, mein Bruder! Ein Hund kommt!"

Trotz der Warnung blätterte der arme Fuchs weiter in seinem Notizbuch, um die bestmögliche Methode zu finden, sein Leben zu retten. Der Kater rief: „Ich mag nicht viele Techniken kennen. Aber eins weiß ich, wenn ich den Baum hinaufklettere, befinde ich mich außer Gefahr" – und sauste hinauf.

Trotz seiner angeblichen Intelligenz konnte sich der Fuchs nicht entscheiden. Der Hund kam näher, und der Fuchs geriet in arge Bedrängnis. Unterdessen hockte der Kater hoch oben im Baumwipfel. Von seinem sicheren Zufluchtsort aus hörte man ihn laut miauen.

Diese Geschichte ist ein Beispiel für die menschliche Psyche. Man will viele Techniken erlernen, ist aber mit keiner zufrieden. Der Verstand spielt uns diesen Streich, um uns zu täuschen.

Hat du erst einmal eine Verbindung zu einem göttlichen Meister aufgebaut, folge ihm voller Vertrauen und Liebe. Die Methode, die er dich lehrt, wird dir die Fähigkeit geben, dich mit den Alltagsproblemen auseinanderzusetzen und Verwirklichung zu erlangen.

„Wenn ein Schüler jeden Tag die Schule wechselt, könnte er dann lernen? Befolgt die Technik, die gleichzeitig Körper, Geist und Intellekt entwickelt. Übt aufrichtigen Herzens. Ein Menschenleben ist kurz. Übt und werdet vollkommen."

Gesegnet mit dem unermesslichen Wohlwollen des Meisters, folgt der Schüler dann dem Pfad von *tapas, svadhyaya* und *ishwara pranidhanam* (Einfachheit, Studium und Hingabe an Gott), bis er schließlich im Lichte der Erleuchtung seine eigene Identität entdeckt.

„Ein Schüler wird zum wahren Schüler, wenn er den Meister übertrifft", pflegte er zu sagen.

Kapitel 8

VISION

Wissenschaft und Religion

Neben dem Aufschwung der industriellen Revolution brachte das 19. Jahrhundert viele wissenschaftliche Errungenschaften. Obwohl dies großen materiellen Wohlstand mit sich brachte, entstand der Eindruck, dass Wissenschaft und Religion im Widerspruch zueinander stehen, was die Grundfesten von Religion und Spiritualität erschütterte. Es galt die Meinung, ein ernsthafter Wissenschaftler könne nicht religiös oder spirituell sein.

Shriyukteshwar vertrat eine andere Ansicht: „Gerade der Wissenschaftler mag spirituell ausgerichtet sein, weil es für ihn leichter ist, das Mysterium der Schöpfung zu enthüllen. Da sein analytischer und kreativer Intellekt es ihm erlauben, die Wahrheit auf wissenschaftlichem Wege zu entdecken, befindet er sich in einer weitaus besseren Position, das Wesen von Religion und Spiritualität aufzudecken. Durch Konzentration und Beherrschung der Sinnesorgane vermag der sich nach innen wendende Mensch seine eigene göttliche Natur wahrzunehmen. Auch wenn die Leute glauben, dass sich der Wissenschaftler und der geistig Suchende gewaltig voneinander unterscheiden, verfolgen sie dasselbe Ziel, die Erforschung der Wahrheit. Beide bemühen sich, auf dem Weg zur Wahrheit Fortschritte zu erzielen."

Dvapara, nicht Kali

Die eingehenden astrologischen Untersuchungen Shriyukteshwars werfen neues Licht auf die *yugas*. Den Hindu-Schriften zufolge gibt es vier große Zeitalter oder *yugas*, die jeweils mehrere tausend Jahre währen. Diese sind der Reihe nach Satya-Yuga, Treta-Yuga, Dvapara-Yuga und Kali-Yuga. Die unterschiedlichen Planetenpositionen üben einen bestimmten Einfluss auf das menschliche Bewusstsein aus.

Nach der Hindu-Astrologie liegt das Zentrum des alles durchdringenden Bewusstseins im Mittelpunkt des Universums. Es wird *vishnu nabhi* (der Nabel Vishnus) oder das Zentrum des alles durchdringenden Vaters genannt. Die Bewusstseinsentwicklung auf Erden hängt vom Zeitalter und der Entfernung der Erde von diesem Zentrum ab. Mit zunehmender Nähe der Erde zu diesem Zentrum wächst die Bewusstheit und nimmt ab, je weiter sich die Erde von ihm entfernt. Auf diesem Prinzip beruht die Einteilung der vier Zeitalter oder *yugas*.

Im Satya-Yuga überwiegt *sattva*, die göttliche Natur. Die in diesem Zeitalter lebenden Menschen führen in jeder Hinsicht ein spirituelles Leben. Die Göttlichkeit und Spiritualität sind vollends manifestiert, was zur Erfahrung der Glückseligkeit führt.

Im nachfolgenden Treta-Yuga hat sich die Entfernung der Erde zum Zentrum vergrößert und das Sattva um fünfundzwanzig Prozent verringert. Im Vergleich zum Satya-Yuga manifestiert sich das Göttliche nur noch zu fünfundsiebzig Prozent. Das Bewusstsein ist in erster Linie auf der Ebene von Weisheit oder Wissen tätig.

Im dritten Zeitalter, dem Dvapara-Yuga, halbiert sich die Manifestation des Göttlichen. *Rajas* oder die ruhelose Natur des Menschen herrscht vor. Das Bewusstsein wirkt auf der Verstandesebene.

Kali-Yuga ist das letzte Zeitalter. Die Wahrnehmung des Göttlichen ist auf ein Viertel reduziert. Rajas und Tamas dominieren. Unter dem Mantel von *tamas* oder Trägheit manifestiert sich das Bewusstsein als Lebensatem (*prana*).

Die Abnahme der Spiritualität und die unterschiedliche Bewusstheit des Menschen hängen von der Entfernung der Erde zum geistigen Zentrum des Universums ab. In jedem Zeitalter verringert sich die Spiritualität vom Satya- bis zum Kali-Yuga um fünfundzwanzig Prozent.

Die kosmische Evolution nimmt ihren Weg vom Satya- über das Treta- und Dvapara- bis zum Kali-Yuga, wobei sich die Entfernung der Erde zum Zentrum vergrößert. Ist das Kali-Zeitalter beendet, geht der Weg rückwärts, das heißt, es folgen Dvapara-, Treta- und dann erst das Satya-Yuga, wobei die Erde sich erneut dem geistigen Zentrum des Universums nähert und somit einen kosmischen Zyklus vollendet.

Fälschlicherweise wird allgemein angenommen, dass unmittelbar auf das Kali-Yuga das Satya-Yuga folgt. Nach Shriyukteshwars Aussagen kehren die *yugas* aber in der umgekehrten Reihenfolge zurück. Betrachtet man die im Laufe der *yugas* erfolgten Veränderungen menschlichen Bewusstseins, scheint diese Abfolge logisch zu sein. Sattva oder die göttliche Manifestation nimmt in jedem Yuga – von Kali bis Satya – um fünfundzwanzig Prozent zu. Der Zeitraum, in dem ein Yuga oder Zeitalter in das nächste übergeht, wird *sandhi kala* (Übergang) genannt. In ihm herrschen die Strömungen beider Zeitalter.

Nach den Berechnungen Shriyukteshwars begann das Dvapara-Yuga 1700 v.Chr. Er erhärtete seine Theorie mit der Tatsache, dass sich in vielen Bereichen, wie Geschichte, Gesellschaft, Kultur, Wissenschaft und Metaphysik, Veränderungen ankündigten, die er nicht der Kali-, sondern der Dvapara-Periode zuschrieb.

Außerdem setzte er den 22. März als das Frühlingsäquinoktium (*maha vishuva samkranti*) fest. Dem bis dahin geltenden 14. April hatte Maharshi Manu das kosmische Jahr zugrunde gelegt, was Shriyukteshwar für einen Irrtum hielt. Die Berechnungen von Tagen, Wochen, Monaten, Jahren und anderer Kalenderdaten erfolgen nach den Planetenkonstellationen.

Kosmische Astrologie

Den größten Beitrag, den Swami Shriyukteshwar der Welt leistete, waren seine Kenntnisse in der kosmischen Astrologie. Die Weisen der Vergangenheit hatten die Beziehung zwischen dem Universum und dem menschlichen Körper erkannt. Verschiedene Schriften sprechen von Makrokosmos und Mikrokosmos. Shriyukteshwar vertrat die Ansicht, dass das System der Schöpfung, Erhaltung und Zerstörung (*sristi-sthiti-laya*) im Universum wie im menschlichen Körper wirksam ist. Auch die Atomwissenschaft hat herausgefunden, dass bestimmte atomare Strukturen denen von Sternen und Planeten ähneln. Geistige Übungen vor dem Hintergrund gewissenhafter wissenschaftlicher Forschung offenbaren die Mysterien der Schöpfung.

Die zwölf Tierkreiszeichen, neun Planeten und siebenundzwanzig Sternkonstellationen finden sich in den sechs Nervengeflechten der zerebrospinalen Struktur des menschlichen

Körpers wieder. Vergleicht man ihre kosmischen Positionen mit denen im Geburtshoroskop eines Menschen, kann dieser die negativen Einflüsse der Planeten korrigieren und ohne Behinderung auf dem geistigen Pfad voranschreiten.

Gott machte mich zum Mönch

Swami Shriyukteshwar war ein außergewöhnlicher und edler Mensch von hoher geistiger Verwirklichung. Sein stattlicher Körper und sein einzigartiger Blick erregten die Aufmerksamkeit der Menschen. Seinen aufrechten und gemessenen Gang verglichen manche mit dem eines bengalischen Tigers. Seine Kraft, sein Wissen und seine Spiritualität begeisterten jeden, der mit ihm in Berührung kam.

Mitunter wurde er neugierig gefragt, warum er Mönch geworden sei, da er doch bereits als Familienvater *nirvikalpa samadhi* (die höchste Stufe der Verwirklichung) erreicht hatte. Lächelnd pflegte er zu erwidern: „Es war nicht mein Wunsch, Mönch zu werden. Gott machte mich zum Mönch. In der Kindheit nahm er mir den Vater. Im Jugendalter verstärkte er meine geistige Suche, band mich in ein Leben als Familienvater, schenkte mir eine Tochter und nahm ihre Mutter. Nach der Heirat meiner Tochter blieb nur noch meine Mutter. Er sicherte mir ein finanzielles Auskommen und segnete mich mit dem göttlichen Guru Shri Lahiri Mahasaya. Er, der mich ein Leben lang geistig inspiriert hat, machte mich schließlich zum Mönch. Alles, was ich bisher getan habe, hat Er getan. Es ist Sein kosmisches Spiel, in dem ich nur Sein Spielzeug bin."

Swami Shriyukteshwar hat viel in seinem Leben erreicht. Im Jahre 1920 trug sein ergebener Schüler Paramahamsa Yogananda den Kriya Yoga nach Amerika, ein großer Segen für die Leute dort. Auch andere Schüler verbreiteten, so gut sie konnten, seine Lehre an verschiedenen Orten. Doch es gab keine signifikante Entwicklung in den Aktivitäten von Sadhu Sabha und Sadhu Mandala, weshalb er bisweilen humorvoll bemerkte. „Viele sind auf organisatorischem und missionarischem Gebiet erfolgreich gewesen, nachdem sie mich um Rat gefragt haben, aber die Gründung eines Ashrams ist niemandem wirklich geglückt." Sich selbst nannte er einen gesegneten Sohn der Mutter Sarasvati (Weisheit) und einen verlassenen Sohn der Mutter Durga/Lakshmi (Reichtum). Vor allen Dingen aber sah er sich als eine Figur in Gottes kosmischem Spiel.

Kapitel 9

SWAMI SHRIYUKTESHWAR UND SHRI RADHARAMAN DEV

Shri Radharaman Dev, ein berühmter Vaishnava-Heiliger, hatte in Orissa eine große Anzahl von Anhängern. Er war nicht nur ein verwirklichter Mensch, sondern besaß zudem erstaunliche Wunderkräfte. Seine grenzenlose Hingabe inspirierte und motivierte die Menschen auf ihrem geistigen Weg.

Leben und Tätigkeiten dieses großen Mannes sind in einem umfangreichen Werk mit dem Titel *Charita Sudha* dargelegt. Im sechsten Band findet sich eine ausführliche Beschreibung seiner Begegnung mit Swami Shriyukteshwar, die am 29. März 1904 stattfand. Da Shriyukteshwar zum damaligen Zeitpunkt noch nicht in das monastische Leben eingeweiht war, kannte man ihn als Karar Swami. Der Meister des Kriya Yoga und Experte der kosmischen Astrologie war nach Puri gereist, um an dem Gedenktag der Gründung des Karar Ashrams teilzunehmen. Während dieses Besuches verbrachte er einige Zeit mit Shri Radharaman Dev.

Der folgende Bericht wurde dem *Charita Sudha* Buch (Bd.6, 38-40) entnommen:

> „Shri Radharaman wurde von seinen Schülern Babaji Mahaprabhu genannt. Sie versuchten, sein Geburtsdatum ausfindig zu machen, um diesen Tag feierlich zu begehen.

Babaji Mahaprabhu legte keinen Wert auf Geburtstagsfeierlichkeiten. Dennoch gelang es seinen Schülern aufgrund eines seltsamen Vorfalls, das Datum zu erhalten. Einer von ihnen hatte zufällig gehört, wie sich Babaji Mahaprabhu mit einem Heiligen und Astrologen unterhielt. Er bat einen Jungen, die Unterhaltung zu notieren und ihm Bericht zu erstatten.

Prabhupad fragte: „Wie ist es dir gelungen, das Geburtsdatum von Babaji Mahaprabhu herauszufinden?"

Lalita Dasi: „Ein wunderbarer Zufall! Vorgestern kam ein bedeutender Astrologe und Heiliger aus Kashi, Karar Swami. Babaji war hocherfreut. Man unterhielt sich ausführlich über verschiedene Themen. Zu dieser Zeit war ich damit beschäftigt, das Essen für die beiden Heiligen zuzubereiten. Plötzlich fragte Babaji Mahaprabhu: „Swamiji, kannst du Einzelheiten über ein nicht mehr vorhandenes Horoskop herausfinden?" (Dies war seine Art, Swamiji um sein Horoskop zu bitten, ohne Angabe von Geburtsort, Datum und Zeit.)

Swamiji erwiderte: „Es ist sehr einfach."

Er nahm Babaji Mahaprabhus rechte Hand und betrachtete sie eingehend. Da ich mich um das Essen kümmern musste, war es mir nicht möglich, die gesamte Unterhaltung zu verfolgen. Ich bat Gobardhan Das, einen Jungen aus Orissa, zuzuhören. Fast eine Stunde lang betrachtete Swamiji Babajis Handlinien, bevor er mit seinen Berechnungen begann und das Geburtsdatum, die Stellung des Mondes, die *nakshatra* (Konstellationen), den Aszendenten und so fort festlegte. Außerdem sprach er über einige Ereignisse in Babaji Mahaprabhus Leben, um das Horoskop zu erhärten. Da ich Gobardhan vertraute, genau zuzuhören und mir später alles zu berichten, konzentrierte ich mich auf meine Arbeit.

Nach einiger Zeit gingen Swamiji und Babaji Mahaprabhu, um Shri Jagannath zu huldigen. Rasch lief ich zu Gobardhan und fragte nach dem Verlauf der Unterhaltung. Der Junge erwiderte unschuldig: „Ich habe alles gehört, aber ich erinnere mich an nichts mehr." Ich war zutiefst enttäuscht und dachte: „Zu dumm, ich hatte ein solch kostbares Geschenk in Händen und habe es durch meine Torheit verloren. Anstatt eine verantwortungsvolle Person zu beauftragen, habe ich den arglosen Jungen geschickt. Es ist nicht sein Fehler. Er ist noch sehr jung und stammt aus Orissa. Vielleicht versteht er die bengalische Sprache nicht."

Plötzlich kam Babaji Mahaprabhu zurück. Aufgeregt fragte ich ihn: „Wo ist Swamiji?" Mit dieser Frage wollte ich Näheres in Erfahrung bringen. Zu meiner großen Enttäuschung antwortete er schlicht: „Er ist mit dem Mittagszug nach Kolkata zurückgefahren." Ich erwiderte nichts. Vielleicht waren wir noch nicht würdig, den glanzvollen Moment der Geburt unseres geliebten Babaji Mahaprabhu zu feiern. Man würde sehen, was auf uns zukam. So verging der Tag in Freude und Traurigkeit zugleich.

Am frühen Morgen des folgenden Tages wusch sich Babaji Mahaprabhu das Gesicht. Ich stand mit Wasser und anderen Dingen in seiner Nähe. Einige andere Ashram-Bewohner waren ebenfalls zugegen. Da kam mir eine List in den Sinn. Geringschätzig meinte ich: „Die Astrologie ist nichts als ein Fantasiegebilde. Ich glaube nicht daran. Einige kommerziell ausgerichtete Leute behalten im Namen der Astrologie ein paar Dinge im Gedächtnis und kleiden sie in frei erfundene Geschichten. Von fünfzehn Punkten mag sich dann vielleicht einer bewahrheiten."

Babaji Mahaprabhu verurteilte nichts und niemanden und mochte es nicht, wenn man in dieser Art redete. Als er nun jemanden aus den Reihen seiner eigenen Anhänger so abfällig über eine solch heilige alte Überlieferung reden hörte, meinte er mit strenger Stimme: „Woher willst du wissen, dass eine spirituelle Wahrheit wie die Astrologie falsch ist?"

Ich erwiderte: „Mir ist noch niemand begegnet, der in der Astrologie etwas Wahres gesehen hat."

Babaji Mahaprabhu entgegnete: „Man sollte nicht auf jemanden hören, der sich in den Schriften nicht auskennt und sie aufgrund dessen Ansichten missachten. Das ist reine Dummheit. Hast du dich jemals mit einem guten Astrologen unterhalten? Schau, gestern kam der Swamiji. Falls jemand Unstimmigkeiten oder Fehler in seinen Worten finden kann, dann könnte ich sagen, dass du in gewisser Weise recht hast."

Ich erwiderte. „Wer kennt schon die Zukunft? Wie kann jemand wissen, ob sich die Vorhersage bewahrheitet oder nicht? Vielleicht betrachtet der Astrologe deine Hand und sagt, dass du in einem bestimmten Alter Schwierigkeiten wegen Saturn haben wirst, dein Körper krank sein wird oder du finanziell gut da stehen wirst. Wer wird all die Jahre warten, um zu überprüfen, ob die Weissagung eintrifft oder nicht. Spricht man über Vergangenes, an das man sich deutlich erinnert, dann kann man von wahr oder nicht wahr sprechen."

Babaji Mahaprabhu meinte. „Ihr alle macht einen großen Fehler. Ihr urteilt ohne gründliche Untersuchung und tragt somit nur eure eigene Ansicht vor. Alles, was der Swamiji gestern über mich sagte, entsprach der Wahrheit. Nichts war Lüge. Wie könnt ihr also behaupten, die Astrologie entbehre jeglicher Grundlage?"

„Nun", warf ich ein, „erachtest du es für wahr, was er über deine Geburt sagte? Glaubst du es?"

Babaji Mahaprabhu meinte: „Gewiss, warum sollte es nicht wahr sein? Er beschrieb ganz genau die einzelnen Aspekte dieses Ereignisses am ersten Tag von Chaitra, Donnerstag, dem dreizehnten Mond, Aszendent Löwe, *Purva Phalguni* als Konstellation und so fort."

Ich fragte. „Erinnerst du dich an diese Einzelheiten und hältst sie deshalb für wahr?"

Er erwiderte: „Was mein Horoskop betrifft, erinnere ich mich an nichts. Aber an den Mond, die Konstellationen und ein paar andere Dinge erinnere ich mich. Nicht nur das, Swamiji sagte mir, dass ich am frühen Morgen geboren wurde, was ebenfalls zutrifft."

Ich hatte also erreicht, was ich wollte, konnte es aber nicht für mich behalten und musste laut auflachen. Babaji Mahaprabhu durchschaute meine List. Dann versuchte er, die Unterhaltung in eine andere Richtung zu lenken. Es lag ihm nichts an einer Geburtstagsfeier. „Meister, warum versuchst du, mich abzulenken? Da die Wahrheit ans Licht gekommen ist, kannst du sie da wieder verdecken?"

Bis zum heutigen Tage feiern seither unzählige Menschen an verschiedenen Orten den Geburtstag des Meisters. Jene Unterhaltung beweist den göttlichen Scharfblick Shriyukteshwars und die Hochachtung, die ihm von anderen Mönchen entgegengebracht wurde.

Kapitel 10

EIN LEBEN IM ASHRAM

Swami Shriyukteshwar, der auf die Menschen von Bengalen und Orissa einen positiven Einfluss ausübte, wollte für den Tagesablauf in den verschiedenen Ashrams eine Regel schaffen, die von ihm selbst oder seinen Schülern, die ihn vertraten, umgesetzt werden sollte. Aufgrund seiner umfangreichen Kenntnisse auf verschiedenen wissenschaftlichen Gebieten, der hinduistischen und westlichen Schriften, der Musik, Astrologie und Astronomie inspirierte er seine Anhänger, zu lernen und zu wissen. Wissen kennt keine Grenzen. Man kann bis zum letzten Atemzug lernen.

Wie bereits erwähnt, beabsichtigte Shriyukteshwar, in drei heiligen Städten jeweils einen Ashram zu gründen: In Puri, an der Küste; in Benares, am Gangesufer und in Haridwar oder Rishikesh, am Fuße des Himalaya. Sie waren für drei verschiedene Gruppen gedacht: Die Brahmanen, die sich zurückziehenden Familienmenschen und die Mönche. Der erste Ashram wurde in seinem Elternhaus, Priyadham, in Serampore eingerichtet, in dem er mit der Ausbildung einiger getreuer Schüler begann. Später errichteten seine Schüler an verschiedenen Orten, vorwiegend in den Distrikten Medinipur und Bankura, weitere Ashrams.

Ihm schwebte ein von strenger Disziplin, Pünktlichkeit und Gottesbewusstsein geprägtes Ashram-Leben vor. Immer wieder betonte er, dass man abzudriften droht, was unnötigen Zeitverlust bedeutet, wenn man sich sein Ziel nicht klar und lebendig vor Augen hält. Swami Shriyukteshwar, dessen Hauptanliegen darin bestand, Geist und Herz der Menschen zu transformieren, hob stets hervor, dass der Ashram ein Ort selbstlosen Dienstes an der Menschheit sein sollte. Aus diesem Grunde richtete er auf dem Gelände des Karar-Ashrams eine Schule ein.

Nach Angaben einiger seiner Langzeit-Schüler begann der Tag früh morgens um vier Uhr dreißig mit dem Läuten der Glocke. Man versammelte sich vor dem Zimmer Shriyukteshwars und spielte *mridagams* und Zimbeln und sang: „Alle singen den Namen Gottes, alle singen den Namen des Guru." Da das Gelände klein war, umrundeten sie es dreimal und sangen ihre Loblieder. Auf diese Weise vertrieben sie ihre geistige und körperliche Trägheit, die sich während des Schlafes aufgebaut hatte, und stellten sicher, dass alle wach waren, bevor man mit der Meditation begann. Als Nächstes folgten Gebete und Hymnen, von denen die meistens Shiva, Sarasvati und Durga (Schlussgebet) geweiht waren. An das letzte Gebet schlossen sich die Kriya Yoga-Übungen an. Die Meditationsklassen waren nicht bis ins Detail ausgearbeitet. Manchmal murmelte Swami Shriyukteshwar nur den Namen jeder Stufe oder läutete die Glocke, damit die Schüler den nächsten Schritt wussten. Zum Schluss der Meditationsstunde pflegte sich jeder vor dem Meister zu verneigen und seinen Segen in Empfang zu nehmen, um den Tag mit mehr Liebe und Gottesbewusstsein zu beginnen.

Um sieben Uhr gab es Frühstück, das in der Regel aus Sprossen oder gekochten Kichererbsen mit Ingwer und Salz bestand. Diejenigen, die die Schule besuchten, gingen danach in ihre jeweilige Klasse. Shriyukteshwar ermutigte die Studenten, vier Sprachen zu lernen: Sanskrit, Hindi, Bengali (oder die eigene Muttersprache) und Englisch. Als Freund der Weiterbildung verfasste er einige Bücher, die Jung und Alt gleichermaßen halfen, verschiedene Sprachen zu erlernen. Es handelte sich um die Bücher *Sadhu Vyakarana* (Sanskrit-Grammatik), *First Book* (Englisch und Hindi für Anfänger), *Shiksha Manjari* und *Sanskrit Prabeshika*. Einige Klassen der Ashram-Schule unterrichtete er selbst.

Da Swami Shriyukteshwar wünschte, dass sich alle Studenten in einem guten Gesundheitszustand befanden, regte er sie zum Schwimmen an. Die in Serampore lebenden Schüler schwammen im Ganges, jene aus dem Karar-Ashram im Meer. Das Schwimmen hielt sie körperlich und geistig gesund und stark.

An den meisten Tagen wurde zwischen zehn Uhr dreißig und elf Uhr das Mittagessen serviert. Während der Mahlzeit saß man sich in zwei Reihen auf dem Boden gegenüber, auf der einen Seite die Schüler und auf der anderen Seite die Lehrer und Ashram-Bewohner. Shriyukteshwar nahm am Kopfende Platz. Ihm wurde die Mahlzeit zuerst serviert. Jeder besaß seinen eigenen Teller und sein eigenes Glas. Waren mehrere Gäste anwesend, wurde das Essen auf Blättern gereicht. Obwohl Shriyukteshwar sehr streng und sparsam war, durfte niemand den Ashram verlassen, ohne gegessen zu haben.

Nachdem das Essen serviert, das Gebet gesungen und das Mahl Gott dargebracht worden war, nahm jeder ein wenig Wasser in die Hand und trank es in kleinen Schlucken. Jeder, der in Anwesenheit des Meisters die Mahlzeit im Ashram einnehmen durfte, schätzte sich glücklich. Obwohl sehr einfach, meistens aus Reis, Linsen, Gemüse und zum Abschluss ein wenig Joghurt bestehend, würzte Shriyukteshwar die Mahlzeit mit humorvollen Bemerkungen, was sie besonders erbaulich machte.

Am Nachmittag pflegte er die Ashram-Bewohner persönlich zu unterrichten. Als kleine Erfrischung gab es eine Handvoll gesalzenen oder süßen Puffreis. Da er Wert auf eine gesunde Lebensweise legte, riet er seinen Schülern zu Gymnastik oder der Teilnahme an irgendeinem Spiel. Später wusch man sich und versammelte sich in der Halle, in der Shriyukteshwar bereits in seinem Sessel saß. Jeder Schüler besaß seine eigene Decke. Man sang das *Shivashtakam* (acht Shiva gewidmete Strophen) und die *Dasha Avatar Strotra* (Hymne der zehn Inkarnationen Vishnus, verfasst von Jayadeva, einem Anhänger und Dichter aus Orissa). Nach Beendigung der Gesänge ließ man sich zur Meditation nieder.

Der Ablauf des Abendessens entsprach gewöhnlich dem des Mittagmahls. Shriyukteshwar liebte es, eine Süßspeise zu sich zu nehmen. Nach dem Essen pflegte er mit den Ashram-Bewohnern zusammenzusitzen und sich über die Geschehnisse und das spirituelle Leben im Ashram zu unterhalten. Manchmal saß er mit ihnen auf dem Dach, betrachtete die Sterne und Planeten und lehrte sie Astrologie und Astronomie. Um zehn Uhr zog man sich in der Regel zurück.

Der Donnerstag, der Guru-Tag, galt als Urlaubstag und wich daher von der üblichen Routine ab. Begleitet von den Ashram-Bewohnern, bisweilen auch von den Lehrern und Studenten, pflegte Swami Shriyukteshwar den Jagannath-Tempel und von dort aus den Lokanath-Tempel zu besuchen. Man legte dazu einen Weg von mehreren Kilometern zurück. Auf dem Tempelgelände ließ er sich gewöhnlich im Kreise seiner Begleiter eine Weile nieder, sang Hymnen und meditierte.

Der Mondkalender verzeichnet jeden Monat zwei *ekadashis*. An diesen Tagen fiel der Unterricht aus. Es wurde nicht gekocht. Das *mahaprasad* (das geweihte Essen), an dem alle teilnahmen, wurde am Spätnachmittag aus dem Jagannath-Tempel gebracht. Mitunter kam es sehr spät, da die Ausgabe des *mahaprasad* zeitlich nicht festgelegt war. Man saß auf seinem Platz, sang und wartete geduldig.

Swami Shriyukteshwar erwies sich stets als eine Quelle der Inspiration. Sein strenger Blick und die mahnenden Worte veranlassten die Bewohner oft, über sich selbst nachzusinnen. Obwohl für viele schwierig, war ein Leben mit ihm eine seltene Gelegenheit. Wie Swami Narayan Giri (Prabhuji) sich zu entsinnen pflegte: „Bei ihm zu sein und ihm zu dienen, war in sich selbst ein *sadhana*. Demütig, ehrlich und selbstlos in seiner Nähe zu weilen, vermochte ein ungeheures Selbstvertrauen zu entwickeln, die Sehnsucht nach geistiger Erleuchtung und ein starkes Empfinden für Loslösung. Für jeden im Ashram wirkte er als leuchtendes Beispiel."

Kapitel 11

DER WESTEN – VISION UND BEGEGNUNG

Die uralten Lehren des Kriya Yoga, die einst das geistige Leben bestimmt hatten, blieben jahrhundertelang in den Höhlen des Himalaya verborgen. Der kosmische Plan und das göttliche Wirken von Mahavatar Babaji führten dazu, dass der Pfad des Kriya Yoga durch seinen würdigen Schüler Shri Lahiri Mahasaya begründet und in die Welt getragen wurde. Im Jahre 1894, bei der Kumbha Mela von Allahabad, teilte Mahavatar Babaji Priyanath mit, dass seine Schüler die Lehren des Kriya Yoga in den Westen tragen würden. Außerdem wies er Priyanath an, zum übergreifenden Verständnis von Hinduismus und Christentum ein Buch mit dem Titel *Kaivalya Darshana* (*Die heilige Wissenschaft*) zu schreiben.

Durch den Segen Shri Lahiri Mahasayas wurde Mukunda Lal geboren, dessen spirituelle Neigung sich bereits im frühen Kindesalter zeigte. Erfüllt vom Göttlichen, interessierten ihn seine weltlichen Studien nicht. Viele Male rannte er von Zuhause fort, um sich in einer Höhle oder Einsiedelei dem monastischen Leben hinzugeben. Swami Shriyukteshwar brachte ihn 1909 schließlich von Benares zurück und ermutigte ihn, seine Studien fortzusetzen. Mukunda Lal kam seiner Aufforderung nach: „Dein Wunsch sei mir Befehl!" 1912 schloss er den zweijährigen Kurs mit der Zwischenprüfung ab. Erneut verlor er das Interesse an seiner Weiterbildung. Um ihn zu motivieren, seine Studien vollends abzuschließen, erklärte ihm Shriyukteshwar: „Eines Tages wirst du in den Westen gehen. Die Leute dort werden Indiens uralte Weisheit eher aufnehmen, wenn der seltsame Hindu-Lehrer einen Universitätsabschluss vorweisen kann."(Autobiographie eines Yogi, Kap. 12.) Mit diesen Worten wies Shriyukteshwar bereits auf die Zukunft des Kriya Yoga und die Bestimmung Yoganandas als Botschafter des Kriya im Westen hin. Zudem war er sich dessen bewusst, dass im Westen der geistig Suchende eher bereit war, einen spirituellen Lehrer anzuerkennen, wenn dieser eine höhere Bildung besaß.

Nachdem Yogananda 1915 mit Hilfe seines liebevollen Vaters, Bhagavati Charan, seine Studien mit dem Bachelor of Arts abgeschlossen hatte, plante er in Begleitung seines geliebten Gurudev nach Kaschmir zu reisen. Unterwegs reichte ihm Shriyukteshwar eine Erdbeere, die er sofort ausspuckte und meinte, er werde sie niemals mögen. Shriyukteshwar sagte ihm voraus, dass er sie eines Tages, wenn er in Amerika weilte, zu schätzen wisse, püriert mit Zucker und Sahne. Später erinnerte sich Yogananda an die Worte des Meisters, wenn er die auf diese Weise zubereiteten Erdbeeren aß. (Autobiographie eines Yogi, Kap.21.)

Der Wunsch des Gurus wird sich zwangsläufig erfüllen. Diese Begebenheiten zeigen eindeutig, dass sich der Wunsch, die Lehren des Kriya Yoga in den Westen zu tragen, erfüllen musste. Shriyukteshwar, der sich seiner Rolle bewusst war, seine Schüler den Pfad des Kriya Yoga zu lehren und sie darauf vorzubereiten, diese göttliche Lehre im Osten und im Westen zu verbreiten, lehrte sie auch die verborgene Botschaft der Bibel. Er bewirkte ein neues Verständnis für den mystischen Aspekt der Bibel und ihre metaphysische Botschaft. Sein tiefer Einblick und seine meditative Sichtweise erwiesen sich als einzigartig.

1920 ging Yogananda nach Amerika und arbeitete unermüdlich an der Verbreitung des Kriya Yoga. In Indien bildete Shriyukteshwar einen weiteren Schüler aus, um in zukünftigen Jahren in gleicher Weise zu wirken. 1932 begegnete Rabindranath Bhattacharya (später bekannt als Paramahamsa Hariharananda) Shriyukteshwar, der ihn den Kriya Yoga lehrte und darauf vorbereitete, diese Lehren in die Welt zu tragen. Während der vier Jahre bis zu Shriyukteshwars *mahasamadhi* verbrachte Rabindranath möglichst viel Zeit mit seinem Meister und erhielt eine gründliche Ausbildung. Ende 1974 begann der zweite Schüler Shriyukteshwars dessen Werk fortzusetzen und die Lehren des Meisters weltweit zu verbreiten.

Shriyukteshwar und Yogananda standen in regelmäßigem Briefkontakt. Auf diese Weise erfuhr der Meister mehr über die Kultur des Westens und die Aufnahmefähigkeit der Schüler. Als Yogananda einmal den Wunsch äußerte, Swami Shriyukteshwar in die USA zu holen, lehnte dieser in seiner liebenswürdigen Art ab: „Dafür bist du zuständig, nicht ich."

Begegnung mit Dr. Evans-Wentz

Der Anthropologe und Schriftsteller Dr. Walter Yeeling Evans-Wentz, der sich als einer der Ersten mit dem tibetischen Buddhismus auseinandersetzte, bereiste Anfang des 20. Jahrhunderts Indien. Er begegnete zahlreichen Heiligen und Weisen, die ihn auf seiner spirituellen Reise und bei der Arbeit an seinen Schriften über uralte heilige Texte unterstützten. Im Laufe seiner jahrelangen intensiven Studien verborgener Lehren stieß er auf tibetische Religionstexte, wie das Tibetische Totenbuch, und begann, sie zu übersetzen. Er erklärte, er habe die Texte lediglich zusammengestellt und herausgegeben. Die eigentliche Auslegung sei von tibetischen Buddhisten vorgenommen worden. Sein Erfassen der esoterischen Lehren des Ostens sowie seine seltene Gabe, sie für den Laien verständlich und zugänglich zu machen, haben weitgehend dazu beigetragen, zwischen den östlichen und westlichen Religionen eine Brücke zu schlagen.

Zahlreiche Heilige und Weise übten einen tiefgreifenden Einfluss auf ihn und seinen Weg aus. Er begegnete Lama Kazi Dawa-Samdup, einem Englischlehrer an der Maharajas-Jungenschule in Sikkim, der Texte des Tibetischen Buddhismus übersetzt hatte und ihm die Weisheit dieser Lehren verständlich machte. Später wurde Dr. Evans-Wentz sein Schüler.

Seine geistige Suche führte ihn in viele heilige Städte. Sein Wissensdrang brachte ihn auch nach Puri, wo er zahlreichen heiligen Größen begegnete. Damals galt dieser Ort am Golf von Bengalen nicht nur als Pilgerstätte für die Hindus, sondern auch als Zentrum der Gelehrsamkeit, Spiritualität, des Yoga und vor allem als Aufenthaltsort vieler göttlicher Menschen. Er verbrachte viel Zeit mit Shrimat Kuladapananda Brahmachari, einem Schüler von Bijay Krishna Goswami, einem berühmten Vaishnava-Heiligen und Mystiker, der ihm half, die verschiedenen Aspekte des Yoga besser zu verstehen. Jagadguru Shankarachaya Swami Madhusudan Teertha, das Oberhaupt des Shankaracharya Matha in Puri, der für seinen bemerkenswerten Intellekt bekannt war, leitete Dr. Evans-

Wentz in vieler Hinsicht. Vaidyaratna Pandit Maguni Brahma Mishra, Lehrer des Ayurveda am Sanskrit-College der Regierung in Puri und Familienoberhaupt, kümmerte sich um ihn und leistete ihm wissenschaftlichen Beistand.

Während seines Aufenthalts in Puri hörte Dr. Evans-Wentz von Swami Shriyukteshwar und seinem Wirken. Als er von dem Karar-Ashram, dem damaligen Zentrum spiritueller Ausbildung für eine Gruppe junger Schüler, erfuhr, drängte es ihn, Shriyukteshwar zu begegnen. Da er sich der Strenge und Disziplin des Meisters bewusst war, bat er zunächst um Erlaubnis, ihn besuchen zu dürfen. Als er zur festgesetzten Zeit das Ashram-Tor erreichte, erwartete ihn dort eine hochgewachsene, aufrechte, asketische Gestalt in safranrotem Gewand. Es war Shriyukteshwar selbst, der den Besucher herzlich willkommen hieß und sich des Längeren mit ihm über das Geheimnis spirituellen Lebens, vor allem aber über den Kriya Yoga unterhielt. Shriyukteshwar bekundete großes Interesse an der Lebensweise der Menschen im Westen und wünschte ihnen geistiges und materielles Wohlergehen. Sein gütiges Wesen und seine schöne Stimme weckten in Dr. Evans-Wentz eine natürliche Demut. Der Meister, der seine Aufrichtigkeit erkannte, gewährte ihm den Segen, ihn im Zustand des *samadhi* erleben zu dürfen.

Bevor er den Meister verließ, fotografierte Dr. Evans-Wentz ihn. Zeit seines Lebens trug er diese Begegnung wie einen Schatz in seinem Herzen. Er sprach mit großer Hochachtung von Shriyukteshwars Heiligkeit und Güte. Die ruhige Atmosphäre des Ashrams und die disziplinierte Lebensweise seiner Bewohner hinterließen einen bleibenden Eindruck in diesem namhaften Gast.

Die Hochachtung und Bewunderung, die er für Shriyukteshwar empfand, veranlassten ihn, das Foto und einige Zeilen über den Meister in seinem Buch *Yoga und Geheimlehren Tibets* zu veröffentlichen. Im Vorwort zu dem spirituellen Klassiker *Autobiographie eines Yogi*, der das Leben zahlloser Menschen verändert hat, findet man ebenfalls einen Beitrag von ihm.

Begegnung mit Richard Wright

Dem Ruf seines Gurus folgend, plante Yogananda 1935 seine Rückkehr in die Heimat. Überglücklich betrat er wieder den heiligen Boden Indiens. C. Richard Wright, sein Schüler aus den Vereinigten Staaten, begleitete ihn. Gemeinsam besuchten sie zahlreiche Städte in Indien, ehe sie Anfang November nach Kolkata reisten. Nach einem zweitägigen Aufenthalt bei seinem Vater beschloss Yogananda, seinen geliebten Gurudev aufzusuchen. Er und Richard Wright machten sich auf den Weg nach Serampore.

In seinen Briefen beschreibt Wright seine Aufregung und Erwartung, dem heiligen Meister gegenüberzutreten. Nur einen Blick zu erhaschen, geschweige denn, Stunden mit ihm verbringen zu dürfen, übersteigt die Vorstellung der meisten geistig Suchenden. Wright gehörte zu den Glücklichen, den *darshan* Shriyukteshwars zu empfangen. In seinem Bericht über dieses feierliche Ereignis spricht er nicht nur von seiner persönlichen Begegnung mit dem göttlichen Weisen, sondern schenkt uns einen Einblick in die bedeutsame Wiedervereinigung zwischen dem erhabenen Meister und seinem hingebungsvollen Schüler. Dieser Bericht hat viele Menschen inspiriert, auch wenn die Umarmung zweier großer Seelen, die sich liebevoll in die Augen blicken, jenseits aller Worte liegt.

Shriyukteshwar machte keinen Hehl daraus, wie sehr er sich über das Zusammensein mit Yogananda freute. Er zeigte allen die Geschenke, mit denen dieser ihn überschüttete. Auf diese Weise bekundete er, wie stolz er auf seinen Schüler war.

In Gegenwart der beiden großen Meister bemerkte Wright das karge Umfeld. Der spärlich möblierte und etwas heruntergekommene Aufenthaltsraum mit den wenigen alten Fotos an den Wänden offenbarte, dass materieller Besitz für Shriyukteshwar keine Bedeutung besaß. Er bedurfte lediglich der Liebe und Hingabe für seinen Guru, Shri Lahiri Baba, was die Girlande um dessen Foto bewies. Man konnte rasch erkennen, dass er keinen Bedarf an moderner Wohnqualität hatte.

Zu jenem Zeitpunkt war Shriyukteshwar bereits über achtzig und nicht mehr sehr gesund. Dennoch erstaunten Wright seine hochgewachsene, athletische Figur, sein majestätisches, göttliches Auftreten und sein Blick. Er hielt sich aufrecht und bewahrte in allem eine gewisse Strenge und Kraft. Obwohl Wright der Unterhaltung, die in Bengali geführt wurde, nicht folgen konnte, vermittelte der Meister eine ungeheure Weisheit, Zielstrebigkeit und Entschlossenheit. Gleichzeitig strahlte er Heiterkeit und Güte aus, was in krassem Gegensatz zu dem Bild Shriyukteshwars stand, von dem man oft liest oder hört. Wenn er lachte, vibrierte sein ganzer Körper.

Obwohl ein traditioneller Mönch, war Shriyukteshwar Wright sehr zugetan. Bei dem gemeinsamen Essen beobachtete er ihn lächelnd, als er mit den Fingern aß, wie es in Indien üblich ist.

Wright war als einziger westlicher Schüler anwesend, als man am 9. März den Körper Shriyukteshwars nach seinem *mahasamadhi* auf dem Gelände des Karar-Ashrams begrub. Für einen wahren spirituellen Meister gibt es weder Osten noch Westen. Alles liegt bei Gott. Das großzügige Herz des Meisters ist stets bereit, jedem Suchenden zu dienen.

Noch lange nach dem Verlassen der irdischen Ebene hatte Swami Shriyukteshwar ein gestrenges Auge auf seinen jüngsten Schüler Paramahamsa Hariharananda. Während sich dieser im Westen aufhielt, ist er ihm mehrmals erschienen, um ihn zu führen. So weit bekannt, erschien er ihm zum letzten Mal am 4. Dezember 1995 in Wien. In dieser Vision hielt ihn der Meister an, ernsthafte Schritte in Bezug auf ein Grundstück am Rande von Puri, nahe Balighai, zu unternehmen. Hier sollte ein neues Kriya-Zentrum für Menschen aus der ganzen Welt entstehen (My Time with the Master, S.84).

Kapitel 12

EINE WENDE IM KOSMISCHEN SPIEL

Anzeichen des Abschieds

1926 meinte Shriyukteshwar bei der Jahresfeier eines Ashrams im Medinipur-Distrikt: „Es mag durchaus sein, dass diesem Körper in zehn Jahren etwas zustoßen wird." Da man diesen Worten keine weitere Bedeutung beimaß, geriet die Vorhersage des hellsichtigen Meisters bald in Vergessenheit.

Sein jüngster Schüler, Rabindranath, verbrachte jedes Wochenende im Serampore-Ashram, um seinem Meister zu dienen und seine geistigen Übungen zu vertiefen. Aufgrund seines Asthmas litt Shriyukteshwar oft unter starken Schmerzen. Dennoch meditierte er stundenlang mit geöffneten Augen, ohne sich seiner Umgebung oder der Außenwelt bewusst zu sein. Er vergaß zu essen oder ein Bad zu nehmen. Seine Schüler Swami Narayan und Rabindranath reinigten seinen Körper mit feuchten Tüchern.

Obwohl physisch alt, behielt Shriyukteshwar seine Stärke, Vitalität, seinen scharfen Blick und das leuchtende Antlitz bei, was jeden beeindruckte. Er schien die Gedanken seiner Schüler zu lesen und meinte: „Äußerlich sieht er (der Körper) gut aus, aber die innere Maschinerie ist schwach geworden."

Wiederholt bat er Rabindranath, die Leitung des Karar-Ashrams zu übernehmen und seine geistigen Übungen dort fortzusetzen. Dieser lehnte jedes Mal höflich mit der Begründung ab, er fühle sich noch nicht reif dazu. Die Worte des Meisters umzusetzen, erweist sich als schwierig, auch wenn es einfach erscheint.

Yoganandas Rückkehr nach Indien

Mit der Gnade Gottes und der Meister war Yogananda in den Vereinigten Staaten erfolgreich gewesen. Er hatte die uralte spirituelle Botschaft der indischen *rishis* in die westliche Hemisphäre getragen. Fünfzehn Jahre waren inzwischen ins Land gegangen, in denen Shriyukteshwar ihn mehrmals vergeblich gebeten hatte, in die Heimat zurückzukehren. Yogananda stand unter großem Druck, seine Projekte in den USA abzuschließen. 1935 ließ ihn Shriyukteshwar wissen: „Du musst mit einem Rückfahrschein nach Indien zurückkehren und deine Arbeit zumindest für einige Tage hinter dir lassen, gleichgültig wie wichtig sie sein mag."

Diesmal konnte Yogananda den Ruf des Meisters nicht ignorieren. Er traf die nötigen Vorbereitungen, um nach Indien zu reisen und seinen Meister zu sehen. Einige seiner Schüler baten ihn aus unterschiedlichen Gründen, die Reise zu verschieben. Yogananda erwiderte: „Die Sonne mag sich im Westen erheben, aber meine Reise darf ich nicht verschieben. Ich muss dem Ruf des Meisters Folge leisten." Im August kehrte Yogananda zum ersten und letzten Mal nach Indien zurück. Seine Landsleute empfingen ihn mit großer Freude.

Wiedervereinigung

Shri Ramakrishna Paramahamsa konnte den Erfolg und spirituellen Ruhm seines Schülers Swami Vivekananda nicht miterleben. Der Gedanke daran stimmte ihn oft traurig. Serampore hingegen wurde Zeuge der Wiedervereinigung des würdigen verwirklichten Schülers mit seinem Meister. Swami Shriyukteshwar umarmte seinen geliebten Schüler Yoganandaji mit Freudentränen in den Augen und beglückwünschte ihn. Die beiden Herzen und Seelen schienen miteinander zu verschmelzen. Überwältigt warf sich Yogananda voller Dankbarkeit, Liebe und Hochachtung dem Meister zu Füßen. Dieses Zusammentreffen der Verkörperung der Weisheit und der Verkörperung der Liebe sollte nicht nur in der Geschichte des Kriya Yoga, sondern auch in der Geschichte des spirituellen Indiens ein denkwürdiger Tag sein.

Yogananda verließ Serampore, um Ranchi und Südindien zu bereisen. In jenem Jahr beging man die Wintersonnenwende am 22. Dezember im Beisein von Shriyukteshwar im Serampore-Ashram. An den Feierlichkeiten nahmen neben zahlreichen Anhängern und Schülern auch Yogananda teil. Da er noch in derselben Nacht nach Kolkata aufbrechen musste, bat ihn der Meister, am folgenden Tag zurückzukehren. Am Nachmittag des nächsten Tages segnete Shriyukteshwar seinen Schüler mit den Worten: „Heute erkläre ich dich zum *paramahamsa*." Seither kennt man Swami Yogananda unter dem Namen Paramahamsa Yogananda.

Das Ende einer Epoche

1936 fand im Monat *Magha* die berühmte Kumbha Mela in Prayag (Allahabad) statt. Tausende von *sadhus* (Heilige) aus aller Welt versammelten sich dort, um an dem heiligen Fest, das nur alle zwölf Jahre stattfindet, teilzunehmen. Hier treffen zahlreiche fromme Menschen unterschiedlichster Glaubensrichtungen zusammen, um im heiligen Ganges ein Bad zu nehmen und den Segen der Weisen zu erhalten.

Nach seiner langen Abwesenheit hegte Yogananda den Wunsch, an der Kumbha Mela teilzunehmen. Gemeinsam mit Freunden, Verwandten, Schülern und Anhängern reiste er nach Prayag, versäumte aber, vor der Abreise seinen Meister aufzusuchen, was der größte Fehler seines Lebens sein sollte.

Jeden Tag wartete Shriyukteshwar auf die Ankunft seines geliebten Schülers. Die Nachricht, dass Yogananda abgereist war, um an der Kumbha Mela teilzunehmen, erschütterte ihn zutiefst. Bekümmert zog er sich in sein Bett zurück. Die anwesenden Schüler und Anhänger konnten sich seine Niedergeschlagenheit nicht erklären. Einige berichteten: „Wir haben unseren verehrten Gurudev noch niemals in einem solchen Zustand erlebt. Dieser Mann der Weisheit, der den Mut eines Löwen besaß, schien wie gelähmt zu sein. Die Ursache für diese plötzliche Veränderung konnten wir nicht ausmachen."

Liebe und Anhänglichkeit können bisweilen selbst eine verwirklichte Seele binden. Swami Shriyukteshwar fiel dieser schmerzhaften Illusion vorübergehend anheim, fing sich aber rasch wieder und kam seinen Verpflichtungen nach. Man hatte ihn zu mehreren Jahresfeiern in Medinipur eingeladen. Die Kriyavans des Khukurdah-Ashrams hatten zum *Magha-*

Vollmond eine große spirituelle Zusammenkunft organisiert. Shriyukteshwar hatte diesen Ashram über zwanzig Jahre lang besucht und die Herzen der einfachen Dorfbewohner mit geistigem Frieden erfüllt.

Humorvoll und freundlich unterhielt er sich mit den Anwesenden. Alle Anhänger und Schüler konnten einige Zeit mit dem Meister verbringen. Während der Unterhaltung bemerkte er: „Dies wird mein letztes Treffen mit euch sein." Doch seine Bemerkung ging unter. Nach einigen Tagen kehrte er mit vielen seiner Schüler nach Puri zurück. Shriyukteshwar hatte kurz vor dem *Dola-Fest* Yogananda und Satyananda geschrieben, in den Puri-Ashram zurückzukehren. Aber Swami Satyananda war krank, und Yogananda wollte das *Dola-Fest* in Kolkata feiern.

Ein weiterer Schüler, Atul Choudhury, der in Kolkata weilte, wurde telegraphisch aufgefordert, unverzüglich nach Puri zu kommen. Atul traf bald darauf ein. Unter den anwesenden Schülern befanden sich einige aus Khidirpur sowie Swami Narayan, der dem Meister stets ergeben gedient hatte. Swami Shriyukteshwar wusste, dass die Zeit gekommen war, seinen physischen Körper abzulegen.

Am zweiten Tag der dunklen vierzehn Tage von *Phalguna* (Februar/März) verließ der *mahayogi* seine irdische Hülle, um in vollem Bewusstsein in die ewige Glückseligkeit einzugehen, vergleichbar mit einem Fluss, der sich in die Weiten des Meeres ergießt. Tränen rannen über das Antlitz der Schüler. Der Ashram trauerte.

Paramahamsa Yogananda, der im Zug nach Puri saß, fühlte intuitiv, dass sein Meister diese Welt verlassen hatte. Als er am folgenden Morgen den Ashram erreichte, warf er sich zu Füßen des Körpers seines Meisters nieder. Nachdem er im Meer ein Bad genommen hatte, begrub er die sterblichen Überreste im nördlichen Winkel des Karar-Ashrams. Später wurde an dieser Stelle eine strohgedeckte Hütte errichtet.

Nach Shriyukteshwars Dahinscheiden blieb Yogananda eine Zeit lang im Karar-Ashram. Die Kunde von Shriyukteshwars *mahasamadhi* verbreitete sich überall auf der Welt. Viele Menschen trauerten. Nach dem Brauch des *dashanami** *sannyasi* Ordens bereitete Yogananda zu Ehren seines Meisters eine *bhandara*** vor. Zahlreiche Mönche aus verschiedenen Orden fanden sich im Karar-Ashram ein, um dieser erhabenen Seele die letzte Ehre zu erweisen.

In *Amrit Bazar Patrika*, der englischsprachigen Tageszeitung von Kolkata, heißt es am 3. April 1936:

„Am 9. März 1936 tat Shrimat Swami Shriyukteshwar Giri Maharaj im Alter von einundachtzig Jahren in Puri seinen letzten Atemzug. Dieser würdige Schüler von Yogavatar Shri Shyamacharan Lahiri gehörte zu den besten Kommentatoren und Interpreten der Bhagavad Gita im Lichte des Kriya Yoga. In vielen Teilen Indiens gründete er spirituelle Zentren. Sein führender Schüler, Paramahamsa Yogananda, verbreitete seine Lehre in den westlichen Ländern. Swami Shriyukteshwar glaubte an die Einheit der verschiedenen Sekten, Kulte und Religionen."

---

* (Dashanami: Mönche aus zehn verschiedenen Orden – Giri, Puri, Parvata, Vana, Sagara, Tirtha, Bharati, Sarasvati, Ashram und Aranya.)

** (Bhandara: Eine spezielle Feier zu Ehren eines verstorbenen Mönchs, zu der Mönche aus unterschiedlichen Orden eingeladen werden. In Erinnerung an den Verstorbenen wird Essen gereicht. Außerdem werden Geschenke, wie neue Kleidung, Schirme und Geld, verteilt.)

Paramahamsa Yogananda wurde vorübergehend der Präsident der Sadhu Sabha und des Karar-Ashrams, bis Swami Satyananda ihn ablöste.

Das kosmische Spiel endet niemals

Am 22. März 1936, dem Tag der Frühlings-Tagundnachtgleiche, leitete Paramahamsa Yogananda die jährliche Feier im Karar-Ashram zum ersten und letzten Mal. Danach weihte er Sudhira, einen der führenden Schüler der Ranchi-Schule, zum Mönch. Er erhielt den Namen Swami Sevananda Giri. Ihm wurde die Leitung des Karar-Ashrams in Puri übertragen. Yogananda sollte niemals mehr nach Indien zurückkehren.

Einige Menschen sahen Shriyukteshwar auch nach seinem Ableben. Am Tage nach seinem *mahasamadhi* kam eine alte Frau in den Karar-Ashram, um ihn zu besuchen. Als man ihr von seinem Tod berichtete, meinte sie überrascht. „Wie ist dies möglich? Ich habe doch erst heute Morgen mit ihm gesprochen, als er an meinem Haus vorüberging." Man zeigte ihr die Grabstätte. Sie entrichtete ihre Gebete und ging wieder nach Hause. Welch ein Segen für diese fromme Frau, die das kosmische Spiel wahrnehmen durfte.

Bevor Yogananda Indien wieder verließ, musste er in Mumbai in einem Hotel übernachten. Man schrieb den 19. Juni 1936. Um drei Uhr nachmittags war er in tiefer Meditation versunken, als er plötzlich ein helles Licht bemerkte. Er öffnete die Augen und glaubte sich in eine andere Welt versetzt. Vor ihm stand sein geliebter Meister. Nach dessen Tod war Yogananda sehr niedergeschlagen. Er bereute zutiefst, nicht an seiner Seite gewesen zu sein, als dieser seinen irdischen Körper verließ, weil er die Kumbha Mela und das *Dola-Fest* besucht hatte. Er konnte sich nicht verzeihen, auf Pilgerfahrt gegangen zu sein, obwohl er wusste, dass der Guru Gott, der Guru die Pilgerfahrt ist und die Worte des Gurus die Schriften sind. Swami Shriyukteshwar, der die Gefühle seines Schülers kannte, meinte: „Warum bist du unglücklich? Bin ich nicht immer bei dir, selbst jetzt?" Yogananda traute seinen Augen nicht und fragte sich, ob es ein Traum oder eine Täuschung war. Vor ihm stand der physische Körper, den er einen Monat zuvor im Karar-Ashram begraben hatte. Unfassbar!

Seine Gedanken lesend, meinte Shriyukteshwar: „Ja, ich bin dein Meister, der in demselben Körper vor dir steht." In *Autobiographie eines Yogi* beschreibt Yogananda die Unterhaltung, die daraufhin zwischen Meister und Schüler stattfand.

In Puri erlebte Swami Satyananda Ähnliches. Er hatte das Privileg, dass ihn die manifestierte Gestalt des geliebten Meisters berührte.

Rabindranath (heute bekannt als Swami Hariharananda), der jüngste Schüler Shriyukteshwars, sah seinen Meister ebenfalls. Swami Shriyukteshwar hatte den jungen Mann mehrmals gebeten, den Puri-Ashram zu leiten, was dieser ablehnte. Anfang Juni 1938 kam Rabindranath nach Puri. Zuvor hatte er einen Freund gebeten, in der Nähe des Ashrams ein Haus zu mieten. Er wollte unabhängig leben und meditieren, gleichzeitig aber auch Zeit im Ashram verbringen. Mit Hilfe des Ashrams wurde ein Haus gefunden.

An einem heißen Sommerabend entspannten sich Rabindranath und sein Freund auf dem Balkon, genossen die frische Brise, die vom Meer herüber wehte, und betrachteten den Himmel. Plötzlich meinte Rabindranath, Swami Shriyukteshwar vom Ashram-Gelände auf ihr Haus zukommen zu sehen. Er sah ihn mehrmals vorübergehen. Überrascht rief er: „Schau dort! Mein geliebter Meister kommt!" Sein Freund blickte in die Richtung und wurde blass, als habe er einen Geist gesehen, denn er wusste vom Dahinscheiden Shriyukteshwars. Als er sich von seinem Schock erholt hatte, erzählte er Rabindranath, dass er diesem Mann im Ashram begegnet sei, als er nach einem Haus suchte. Er war es gewesen, der ihn auf dieses Haus aufmerksam gemacht hatte. Seinen Meister in physischer Gestalt zu sehen, beeindruckte Rabindranath zutiefst. Nach einigen Monaten, nachdem er von Shriyukteshwar klare Hinweise erhalten hatte, sich dem Ashram anzuschließen und dort zu meditieren, siedelte Rabindranath in den Karar-Ashram über. Bekannt wurde er als Brahmachari Rabinarayan. Auf diese Weise ging Shriyukteshwars Wunsch letztendlich doch noch in Erfüllung.

Die Grabstätte des Meisters befand sich viele Jahre unter jener strohgedeckten Hütte. Brahmachari Rabinarayan meditierte dort und erhielt den göttlichen Segen seines Meisters. In dieser Zeit korrespondierte Rabinarayan mehrmals mit Paramahamsa Yogananda wegen des Baus einer Gedenkstätte.

Von amerikanischen Schülern Yoganandas finanziell unterstützt und mit Hilfe dessen jüngeren Bruders, Sananda Lal, begann man 1950 mit dem Bau eines Denkmals, den Brahmachari Rabinarayan beaufsichtigte und der innerhalb kürzester Zeit fertiggestellt wurde. Man nannte die Gedenkstätte *samadhi mandir*. Seither besuchen unzählige Pilger aus der ganzen Welt diesen Ort, um den Segen des göttlichen Meisters zu empfangen.

Der von Swami Shriyukteshwar gegründete Karar-Ashram hat im Laufe der Zeit manche Höhen und Tiefen erlebt. Er ist Pilgerstätte und gleichzeitig spirituelles Zentrum, das der Verbreitung der uralten Techniken des Kriya Yoga dient.

Brahmachari Rabinarayan, der als jüngster Schüler von dem Shankaracharya von Puri, Seiner Heiligkeit Swami Bharati Krishna Teertha, zum Mönch geweiht wurde, kennt man heute unter dem Namen Paramahamsa Hariharananda. Er verbreitet die Botschaft seines Meisters in der ganzen Welt. Im Jahre 1971 wurde er nach dem Tode von Swami Satyananda zum Präsidenten des Karar-Ashrams bestimmt.

Millionen von Menschen sehen in Swami Shriyukteshwar einen *jnanavatar* (Inkarnation der Weisheit). Sein Leben und seine Lehren inspirierten unzählige Menschen in der Vergangenheit und in der Gegenwart und werden auch in Zukunft vielen eine Inspiration sein.

In allen Epochen hat die Welt verwirklichte Personen, Propheten und Heilige gesehen, die in diese Welt kamen, um Menschen aus ihrer Gefangenschaft zu befreien und ihnen den Weg zu Gott zu weisen. Ihr Leben spiegelt ihre Lehre wider. Sie haben es sich zur Aufgabe gemacht, die Menschen von der Sterblichkeit zur Unsterblichkeit zu führen. Ihre Lehren mögen sich in ihrer äußeren Gewandung voneinander unterscheiden. In ihrem Wesenskern sind sie gleich. Viele erhabene Seelen sind bereits erschienen. Viele werden noch kommen. Alle müssen sie diese Welt verlassen. Ihre Lehren aber bleiben, um die Menschheit zu erheben.

Am geistigen Himmel erschien ein leuchtender Stern, dessen Strahlen die Welt bis zum Jahre 1936 erhellten. Seine Lehren werden niemals vergehen. Es liegt an uns, ihnen zu folgen, den Meister darin zu erkennen und unsere eigene Göttlichkeit und Unsterblichkeit zu entdecken.

Ruhm Dir, Meister der Meister, der Du den aufrichtig Suchenden inspirierst, für immer und immer! Ruhm den strahlenden Sternen, Ruhm den Meistern, Ruhm Dir, Shriyukteshwar, Ruhm, Ruhm, Ruhm!

Kapitel 13

DIE LEHREN DES SWAMI SHRIYUKTESHWAR

Die Stufe eines Sadhaka

Die Arbeit, die der Mensch in dieser Welt verrichtet, ist dem Kriya untergeordnet, wird dieser in der richtigen Weise und mit unerschütterlicher Hingabe praktiziert.

Unter dem Einfluss des Erd-*tattvas* (Element) strömt der Atem, ohne in andere Richtungen zu fließen, bei einer einundzwanzig Finger breiten Ausdehnung mitten durch das Nasenloch. In der Kehle fühlt man ein süßes Sekret, das man genießen möchte. Im *kutastha* (Seelenzentrum) wird ein viereckiger gelber Raum sichtbar. Die menschliche Natur verweilt in diesem gereinigten Zustand zwanzig Minuten lang.

Mit aufsteigendem Wasser-*tattva* fließt der Atem bei einer sechzehn Finger breiten Ausdehnung den unteren Nasenbereich abwärts. In der Kehle nimmt man ein adstringierendes Sekret wahr, das stark anziehend wirkt. Im *kutastha* vergegenwärtigt man sich einen halbmondförmigen weißen Raum. Die menschliche Natur verharrt auf dieser heiligen Stufe für sechzehn Minuten.

Beim Emporsteigen des Feuer-*tattvas* fließt der Atem bei einer vier Finger breiten Ausdehnung in der Nase aufwärts. In der Kehle wird ein angenehmes bitteres Sekret geschmeckt. Ein strahlend rotes Licht taucht im Geist auf, das man festhalten möchte. Im *kutastha* nimmt man ein rotes Dreieck wahr. In diesem reinen Zustand verweilt die menschliche Natur zwölf Minuten.

Wenn das Luft-*tattva* emporsteigt, strömt der Atem acht Finger breit direkt neben der Nase entlang. In der Kehle wird ein saures Sekret gefühlt, das man kosten möchte. Im Geist erscheint ein blaues Licht. Im *kutastha* wird ein blauer Lichtkreis wahrgenommen. Auf dieser göttlichen Stufe verweilt man acht Minuten.

Steig man zum Äther-*tattva* hinauf, fühlt man den Atem sehr langsam durch die Nase fließen. In der Kehle schmeckt man ein scharfes Sekret. Man sehnt sich danach, es zu kosten. Im Geist erscheint ein rauchweißes Licht, durchwirkt mit funkelnden Farblichtern. In diesem überirdischen Zustand verweilt die menschliche Natur vier Minuten lang.

All dies geht hervor aus *kutastha chaitanya*, dem unwandelbaren universellen Bewusstsein. Während man in seinem Körper weilt, sollte man die Ausübung des Kriya nicht vernachlässigen, sondern sich ihr konzentriert widmen.

Urteile werden durch Rajas hervorgerufen. *Samskaras* (Impressionen) und *chidabhas* (Momente der Bewusstheit) bewahren den Zustand des Glücks. Ohne sie ist Leben unmöglich. Es macht keinen Unterschied, ob man in diesem Zustand Kriya ausübt oder nicht. Sich ganz in *kutastha* zurückzuziehen, bedeutet, unterscheiden zu können, „was Pflicht ist und was nicht". Wird dieser Zustand göttlicher Ekstase gewährt, offenbart sich die Wahrheit. Der grobstoffliche Körper unterzieht sich der Metamorphose eines Kindes, das heranwächst und alt wird und sich aufgrund der Beschaffenheit des Astralkörpers in einen anderen Körper verwandelt. *Chaitanya*

(Bewusstheit oder Bewusstsein) hingegen ist unwandelbar und unvergänglich, ohne Anfang und Ende und transzendiert alle natürlichen Schranken von Geburt und Tod.

Weise Menschen lassen sich durch das Gespenst von Geburt und Tod weder täuschen noch ängstigen. Man sollte sich nicht durch die Worte weiser Menschen irritieren lassen, sondern ihre Kriya-Methoden gewissenhaft befolgen.

Jemand, der von vergänglichen Leiden und Freuden unbeeindruckt bleibt, ist ein würdiger Anwärter für die Reise zur letztendlichen Befreiung. Sorgen und Freuden mit Gleichmut zu begegnen, bedarf der angemessenen Bildung. Dieser Körper mit seinen Sinnen ist nur ein Gleichnis, vergänglich und irdisch. Das alles durchdringende *chaitanya* ist ewig und unvergänglich. Man sollte Kriya praktizieren und die flüchtigen Sinneseindrücke und die dadurch hervorgerufenen Illusionen zügeln, um *chaitanya* zu erfahren.

Dieses zeitlose, ewige, erhabene Selbst ruht gleichermaßen in allen Menschen und wird niemals mit dem Körper vergehen. Ein ignoranter und nicht verwirklichter Mensch geht davon aus, dass das ewige Selbst mit dem physischen Tod verlöscht.

Durch die Ausübung des Kriya verlieren sich Leidenschaft, Ärger und Wollust (die Wurzel aller Begierden). Der beherrschte, im Göttlichen ruhende Geist steigt zu himmlischem Frieden empor. Man erkennt, dass die Lebenskräfte und die sinnenbestimmten Objekte des gesamten Universums dem eigenen Selbst innewohnen. Das Selbst erreicht die erhabene, allerhöchste Wirklichkeit, *parama purusha*, das sich als *chaitanya* manifestiert. Auf dieser Stufe fühlt man das eigene Selbst in das gesamte Universum eindringen, während es im Ozean des universellen Selbst vollkommen aufgeht. Man spricht von *kaivalyam* (der Vereinigung des Selbst mit der ewigen Substanz, Gott), einem Zustand, den hoch entwickelte und verwirklichte Propheten und Weise erfahren haben.

Derjenige, der alle Wünsche, Begierden und Gelüste meidet und frei ist von Bindungen, Leidenschaften, Ego und anderen Neigungen, erlangt den unendlichen Frieden.

Alle latenten Wünsche bezeichnet man als „ungesehen" (*adrista*). Man sollte nicht nur die Wünsche, sondern auch ihre Wurzeln ausmerzen – die unbefriedigte Lust und Leidenschaft. Es gibt keinen anderen Weg, Frieden zu erlangen, als sich der gehegten, der „ungesehenen" Wünsche ungebunden zu erfreuen. Daher ist es ratsam, bereits bestehende Wünsche in einem inneren Zustand geistiger Losgelöstheit zu genießen und darauf zu achten, keine neuen „ungesehenen" zu erschaffen.

Weder Luft, Feuer, Wasser noch irgendeine Waffe sind in der Lage, dieses alles durchdringende, unvergängliche *sanatana* (höchste Selbst) jemals zu verzerren. Vergleichbar mit dem Ablegen alter Kleidung, entledigt es sich des ausgedienten Körpers und legt sich einen neuen zu. Obwohl die Sinne dieses *chaitanya* nicht begreifen, verwirklicht es sich in allen *karmendriyas* (Körperorganen), *jnanendriyas* (Sinnesorganen) und *antarendriyas* (inneren Wahrnehmungsorganen). Man sollte sich nicht entmutigen lassen, wenn man diese Stufe noch nicht erreicht hat.

Gleichgültigkeit gegenüber der Manifestation von *chaitanya* in allen Wesen lässt sogar die eigene Existenz anzweifeln, was zur Folge hat, dass man immer tiefer in den Abgrund der Illusion stürzt. In den Fängen der Launen und Versuchungen der Sinne ist man der Qual unsäglichen Leids preisgegeben.

Wer in Kriya Vollkommenheit *(siddhi)* erreicht, beherrscht das gesamte Universum. Krankheiten schmerzen ihn nicht. Jemand, der während der Ausübung des Kriya stirbt, wird auf eine höhere Stufe von Freude und Frieden emporsteigen und die Ernte guter *samskaras* einfahren. Unberührt vom Trubel vergänglicher Sorgen und Freuden, sollte man daher im Kriya aufgehen und das ewige *chaitanya* verwirklichen. Kriya ist der *jnana yoga* der Weisen. Ziel des Kriya Yoga ist es, sein Selbst in dieser Weisheit für immer zu verankern. Seine Ausübung bedarf keiner besonderen Intelligenz. Fortwährende Aufmerksamkeit des inneren Selbst (Seele) genügt und beseitigt Schwierigkeiten. Kein Aspekt des Kriya ist vergebens oder schlägt fehl. Wie Regenwasser, spült die geringste Übung alle Ängste und Schmerzen aus dem Geist und überschüttet den *sadhaka* (Praktizierenden) mit einer Flut dauerhaften Friedens und bleibender Freude. Die Manifestation der Weisheit bedeutet Frieden. Dies ist der einzige Weg. Ohne inneren Frieden rücken ewige Freude und Glückseligkeit in weite Ferne. Seine Wünsche führen den Menschen immer wieder in die irdische Welt zurück. Erst nachdem er alle Bindungen, Illusionen und Irrtümer ausgemerzt hat, erreicht er schließlich *kaivalyam*.

Atma Chaitanya

Nach vierundachtzig Millionen Geburten werden, vorausgesetzt *jiva* ist geläutert, alle Glieder und Körperteile als eine Widerspiegelung des Allmächtigen Brahman in einen vollkommenen Körper umgewandelt. Der physische, Astral- und Kausalkörper sowie Sonne, Mond, Planeten und Sterne des gesamten Universums haben sich auf diese Weise in dem kleinen menschlichen Organismus manifestiert, der, den Gelehrten, Heiligen und Weisen zufolge, die Form von Brahman im Mikrokosmos angenommen hat. Wenn der Geist durch den von einem *sadguru* überkommenen Kriya zur Ruhe gekommen ist, können Sonne, Mond und Sterne ebenfalls in diesem Körper erkannt werden. Diese Stufe vermag man nur durch unmittelbare Verwirklichung zu erreichen, nicht durch bloßes Aneignen von indirektem Wissen oder eine Einweihung. Es bedarf der völligen Hingabe an einen *sadguru*, um die Höhen dieser Art von Weisheit zu erklimmen.

Dhyana (Meditation), *jnana* (Wissen), *tyaga* (Entsagung) und *shanti* (Frieden) sind die vier Stufen von *sadhana*. Das durch die Meditation besänftigte und kontrollierte *chitta* (Unterbewusste) muss durch die Weisheit im Göttlichen gehalten und verankert werden. Haben Meditation und *jnana* dieses *chitta* in Gott gefestigt, dann vermag der Mensch zu begreifen, dass die materiellen Dinge, nach denen er sich einst sehnte, keinen Wert mehr für ihn besitzen. Die irdischen Freuden und selbst sein Körper gehören nicht mehr zu ihm. Er erkennt, dass dieses in Körper, Verstand und Intellekt gefangene „Ich" in diesem Universum nicht existiert. Sein einziger Schatz ist das alles durchdringende ewige *chaitanya*. Wenn es kein wahres „Ich" gibt, das sich fortwährend mit dem himmlischen Vater identifiziert und in ihm aufgeht, existiert nichts. Der Mensch erkennt dieses Universum als Verkörperung der höchsten, wahren Substanz. Gott existiert in seinem Inneren. In der Ashtavakra Samhita (2,2) bringt der durch seinen Guru Brahmarshi Ashtavakra erleuchtete Brahmarshi Janaka diese Wahrheit mit den Worten zum Ausdruck:

*yatha prakashyameyeko
deham-enam tatha jagat
ato mama jagat sarvam
athava na ca kincana*

„Ich, der Eine, erleuchte diesen Körper und offenbare dieses Universum. Daher ist dieses gesamte Universum Mein oder nichts ist Mein."

Weisheit tötet alle Wünsche. Ist man gefestigt in Meditation, Weisheit und Entsagung, kehrt sich *chitta* nach innen in die *sushumna*, ein Beweis für inneren Frieden. Die Sushumna ist ein Hafen für diesen Frieden. Sobald *chitta* zur Ruhe gekommen ist, manifestiert sich das alles durchdringende ewige *chaitanya*.

Hat man *atma chaitanya* (Bewusstsein des inneren Selbst) verwirklicht und *chitta* durch unerschütterliche Hingabe und Liebe gezähmt, wird man das alles durchdringende grenzenlose *chaitanya* als eine leuchtende Sonne in *chitta* erkennen. Aus zehn Zentimeter Tiefe zwischen den Augenbrauen, direkt an der Öffnung der *sushumna*, strahlt es aus dem Seelenzentrum auf die Menschen. Es durchflutet alle Zentren in *sushumna*, die Nervenbahnen und den gesamten Körper mit seinem strahlenden Glanz.

Die Stufe eines Pravartaka

Das Feuer-*tattva* deutet auf die bewegungslos in der gütigen Macht des Feuers (*teja*) ruhende dunkle Farbe. Es manifestiert sich im Herz-Zentrum des strahlenden Körpers von Radha als Shri Krishna. Die Sattva-Eigenschaften des Feuers bilden eine leuchtende Flamme und manifestieren sich zwischen den Augenbrauen (Radha). Im nächsten Moment wird in diesem elektrisierenden, strahlenden Elektronenkörper ein dunkelfarbener Kreis wahrgenommen – Shri Krishna selbst. Das in diesem Kreis enthaltene *chaitanya* ist *kutastha chaitanya* oder Shri Krishna *chaitanya*. Alle Universen (*brahmanda*) manifestieren sich in *kutastha chaitanya*.

Ein Geist, der in der Weisheit ruht und von einem *sadguru* geführt wird, sollte die Tätigkeit seiner Körpersinne, die von *kutastha chaitanya* erschaffen wurden, beobachten. Der Geist schaut stets mit dem Auge der Weisheit (*prajna*). Ohne *samskara* wird kein Sinn aktiv. Alle Sinne werden von *samskara* durchdrungen.

Wer die materielle Welt als Täuschung betrachtet und sich aus dem Käfig des Körpers befreit, wird stets im Seelenbewusstsein (*atma chaitanya*) gefestigt sein. Wer das ganze Universum als eine Manifestation Brahmans erkennt und sich selbst als alles durchdringend betrachtet, wird *kaivalya* erlangen.

Bestimmte Eigenschaften, wie *shraddha* (Liebe), *virya* (Zivilcourage, Stärke und Furchtlosigkeit), *smruti* (Vergegenwärtigung der eigenen Göttlichkeit), *samadhi* (wahre Konzentration) und *prajna* (Weisheit), ermöglichen es, *kaivalya* zu erlangen. Fügt man die acht Glieder des Yoga hinzu, *yama*, *niyama*, *asana*, *pranayama*, *pratyahara*, *dharana*, *dhyana* und *samadhi*, wird die Weisheit herrschen und die Ignoranz, die Wurzel allen Übels, zerstören und somit den Weg zu *kaivalya* ebnen. Wem Gefühle von Böswilligkeit, Eifersucht oder

Gewalt anderen gegenüber fremd sind, der hat keine Feinde. Gefährliche Tiere, wie Tiger und Löwen, verhalten sich ihm gegenüber freundlich und sind harmlos.

Unwissenheit ist die Verneinung von Weisheit und der Hort allen Leids. Sie führt dazu, das Vergängliche als ewig, Leid als Glück und die Materie als Seele zu betrachten.

Chaitanya (chidabhas) ist der Schöpfer des Universums und des inneren Lichtes aller Wesen. Ohne *chaitanya* könnte kein Wesen etwas wahrnehmen oder sehen. *Chaitanya* ist die Kraft des Sehens, immanent im Geschauten und im Beschauer.

Gewissenhafte Pflichterfüllung wird vom Geist bejaht und ruft Glück hervor. Unrechtes Handeln, das *chitta* verabscheut, verursacht unsagbares Leid und Elend. Ein wesentlicher Grund für die weltliche Verhaftung besteht darin, dass man sich bei der Erfüllung seiner Pflichten unentwegt bindet. Selbst weisen Menschen ist es daher mitunter nicht möglich, sich von solchen Fesseln zu lösen. Gleichgültig, ob es sich um rechte oder unrechte Taten handelt, solange sich das Empfinden für Körper, Geist, Intellekt und Ego nicht völlig aufgelöst hat, bleiben die Wege zur letztendlichen Befreiung blockiert.

Die *samskaras*, Karma (Taten) und Imagination verbinden sich miteinander und erzeugen Wünsche. Aufgrund der *samskaras* durchläuft der Mensch Myriaden von Geburten. Der unaufhörliche Strom der Wünsche endet niemals, selbst nicht mit dem Versinken eines *yuga* (*kalpa*). Die mit den drei *gunas* (Merkmalen) ausgestattete Wunschnatur hat zur Manifestation dieser materiellen Welt geführt.

Vom Erd-*tattva* im Steißbein-Zentrum (*muladhara*) ertönt der Klang *aum* wie das Summen von Bienen. Wenn der *sa-*

dhaka dies vernimmt, weiß er, dass die Stufe der Selbstkontrolle erreicht wurde – *savitarka samprajnata samadhi.*

Vom Wasser-*tattva* im Sakral-Zentrum (*svadhisthana*) vernimmt man den Ton *aum* gleich einem Flötenklang. Dies ist das Zeichen für *savichara samprajnata samadhi.*

Vom Feuer-*tattva* im Nabel-Zentrum (*manipura*) ertönt *aum* wie der Klang von Violinen. Dies ist *sananda samprajnata samadhi.*

Vom Luft-*tattva* im Herz-Zentrum (*anahata*) ertönt der langgezogene Klang einer Glocke, in dem sich die Neigungen der Sinne verlieren und allein das Ego zurücklassen. Von hier erhebt sich der der Klang des Absoluten – *pranava* (*aum*). Dies ist der Aufstieg zu *samprajnata samadhi.*

Vom Äther-*tattva* im Kehlkopf-Zentrum (*vishuddha*) ertönt in der *sushumna* ein donnergleicher Ton wie *pranava*, der das Ego und den Eigendünkel vollständig zermalmt und der Erkenntnis Raum gibt, dass das ganze Universum nichts als eine Manifestation von *kutastha chaitanya* ist.

Der tausendblättrige Lotos (*sahasrara*) im Scheitelbereich ist vollkommenes *chaitanya*. Unterhalb, in der Mitte der Augenbrauen und oberhalb der Wirbelsäule, befindet sich ein schildkrötenartiges Nervengeflecht. Sobald man aufgrund von Selbstkontrolle darin ruht, weichen alle Schwankungen einem stillen, strahlenden Licht. Der zweiblättrige Lotos (*ajna*) gleicht einem Tor, durch das der Geist in *sushumna* eintreten kann. Dieser Energiekanal windet sich wie ein Seil durch die Wirbelsäule zum Hals-Zentrum hinauf. Rechts und links von der Wirbelsäule verlaufen zwei Energiebahnen – *ida* und *pingala* – vom *muladhara*-Zentrum bis zu dem Bereich hinter den Augen. Ihr *chaitanya* lenkt den Blutkreislauf, die Verdauung, die Ausscheidung, das Essen, das Ein- und Ausatmen, mit anderen Worten, die Widerspiegelung von *chaitanya*, das der *sushumna* innewohnt.

Obwohl die *kundalini* (latente Energie) am unteren Ende der *sushumna* in tiefem Schlummer ruht, unterliegen die normalen Körperfunktionen, wie Blutzirkulation, Verdauung, Ein- und Ausatmung, normalerweise nicht der Kontrolle des Menschen.

Der Geist, dem es nicht gelingt, durch den zweiblättrigen Lotos in die *sushumna* einzutreten, wandert nur an der Vorderseite umher. In einem solchen Fall entziehen sich die sechzigtausend von der *sushumna* ausgehenden rückwärts gelegenen Nerven der menschlichen Kontrolle. Sie werden von ihren eigenen Gottheiten gelenkt. Da dennoch einige Nerven an der Vorderseite unter der Kontrolle des Menschen stehen, spricht man von *purusha*, der Rückseite, und *prakriti*, der Vorderseite.

Prakriti versucht stets, das *chaitanya* des Menschen zu verhüllen. Ist es erfolgreich, bedeutet dies sich wiederholende Geburten, wobei *chaitanya* aufgrund der *samskaras* von *prakriti* zu einem entsprechenden Ort hingezogen wird. Auf diese Weise verbleibt der „menschliche Aspekt", der mit *sat-cit-ananda* ausgestatte Teil von *brahman chaitanya*, unter der Herrschaft von *prakriti* und ist wiederholt dem leidvollen Wechselspiel von Geburt und Tod ausgesetzt.

Durch die Ausübung des von den Meistern überkommenen Kriya Yoga vermag der Geist durch das winzig kleine Tor des *ajna*-Zentrums in die *sushumna* zu dringen, was der latenten Energie (*kundalini*) ermöglicht, aufzusteigen. Aufgrund der unterschiedlichen *kriyas* der *sushumna* bringen sich die fünf

Teile der fünf *kriyas* in lotosähnlichen, kreisförmigen Strukturen, den sogenannten Chakras, zum Ausdruck. *Muladhara*, der vierblättrige Lotos, hat seinen Sitz an der Wirbelsäulenbasis. *Svadhisthana*, der sechsblättrige Lotos, liegt hinter den Fortpflanzungsorganen. *Manipura*, der zehnblättrige Lotos, liegt im Nabelbereich. *Anahata*, der zwölfblättrige Lotos, hat seinen Sitz im Herz-Zentrum, und *Vishuddha*, der sechzehnblättrige Lotos, im Nacken. Bringen sich diese Zentren in ihren entsprechenden *tattvas* – Erde, Wasser, Feuer, Luft und Äther – zum Ausdruck, kann die erwachende *kundalini* wahrgenommen werden.

Der Summton *pranava*, der mit dem Erwachen der Göttlichen Mutter in *muladhara* entsteht, bereitet den Weg für eine vollkommene Festigung im Göttlichen. Transzendiert man, in *svadhisthana* verweilend, dieses Zentrum, vernimmt man den Klang einer Flöte. Auf diese Weise erklimmt man ein Zentrum nach dem anderen. Die unterschiedlichen Töne, die man dabei hört, erheben Geist, Intellekt und Ego ins Göttliche. Das an Geist, Intellekt und Ego gefesselte „individuelle Bewusstsein" (*jiva*) gleitet geläutert ins Überbewusstsein. Darin besteht die Läuterung des Körpers.

Im tausendblättrigen Lotos wird das Empfinden von Individualität vollständig transzendiert. Der Mensch erkennt seine Identität mit *brahma chaitanya,* und die Gewissheit strahlt in ihm auf, dass die unendlichen, zahllosen Universen und das Selbst eins sind. Da es in dieser Erkenntnis den Aspekt der Trennung nicht gibt, wird im *pranava* Laut das eigene Sein (*jivatma*) nicht im Entferntesten wahrgenommen. Der von einem *sadguru* unterrichtete Kriya Yoga hilft den *sadhakas*, in *kutastha chaitanya* gefestigt zu sein. Dann sind sie frei von den Sorgen und Leiden, die sich aus den Zusammenstößen und Konflikten der Dualität ergeben und die trotz all ihrer Bemühungen, die weltlichen Neigungen auszumerzen, eine Geisel von *adrista* (dem Ungesehenen) bleibt. Um sich davon zu befreien, sind sie bedacht, das unendliche Universum zu kontrollieren, indem sie, transformiert und berauscht vom Göttlichen, in die ewige Freude des allgegenwärtigen, allwissenden Brahman eingehen.

Stufe um Stufe nehmend, erreicht man den Zustand der Weisheit. Um Kenntnisse in höherer Mathematik zu erwerben, muss man zuerst Arithmetik und dann Algebra beherrschen. Man kann keine höhere Bildung erlangen, ohne ganz unten zu beginnen und diszipliniert strenge Regeln und Vorschriften zu beachten.

Wisse zuerst, wer der Mensch ist. Dann versuche, den Grund für seinen Abstieg in die Materie herauszufinden. Ohne die Natur des Universums zu kennen, erübrigt sich jeder Versuch, Ursache und Zweck des Universums in Erfahrung bringen zu wollen. Beschreitet man den Pfad der Wahrheit, begreift man die verborgene Bedeutung der Bhagavad Gita.

Der menschliche Körper ist ein Mikrokosmos. Je weiter sich die *sadhakas* der Gotteserkenntnis nähern, desto stärker erkennen sie durch Yoga, dass die *tattvas* des Universums in ihrem eigenen Körper zu finden sind.

So, wie man einen Nagel mit Hilfe eines anderen Nagels entfernt, können negative Neigungen durch positive Neigungen (*samskaras*) ausgemerzt werden. Auch gute und tugendhafte *samskaras* und Neigungen sind ein Hindernis auf dem Weg zum höchsten Ziel. Erst wenn man den geistigen Pfad beschreitet, wird man die wahre Bedeutung der Verse der Bhagavad Gita begreifen können.

Um das Wissen höherer Schulklassen zu erlangen, muss man die Kurse besuchen. Ebenso verhält es sich mit *sadhana*. Nimmt man auf dem Weg zur Gotteserkenntnis nicht Stufe um Stufe, vermag man die Wahrheit der einzelnen Stadien nicht zu erfassen. Die Grundvoraussetzung lautet: „Erliege niemals der Selbsttäuschung." Sei stets ehrlich zu dir selbst und bleibe fehlerfrei und rein.

Für das Wohlergehen der Menschheit sind Eigenschaften wie Tugend, rechte Verhaltensweise, Selbstvertrauen und selbstloses Dienen erforderlich. Ohne innere Würde gibt es keine Menschheit. Um diese Würde zu schützen und das Rückgrat und die Entwicklung eines Landes zu stärken, sind Pünktlichkeit, Charakterstärke und mitunter sogar die Kampfkunst vonnöten. Wie kann ein törichter oder schwacher und hilfloser Sklave von dem höchsten Wissen des Brahman reden, das die *rishis* und Seher überlieferten?

Weitere Instruktionen

- Für die Entwicklung des Individuums wie für die des Kollektivs sind Selbstvertrauen der *vaishyas*, die Stärke und die Tapferkeit der *kshatriyas* sowie das Wissen der *brahmins* von Brahman von fundamentaler Bedeutung.
- Die Grundlage jeder Lehre, Erziehung und Instruktion sind *tapas, svadhyaya* und *brahmanidhan* oder *ishvara pranidhana*.
- An jedem Ort sollte einmal in der Woche eine spirituelle Zusammenkunft oder *satsang* stattfinden.
- Praktiziere täglich neben der Meditation *svadhyaya*

und widme dich dem Studium spiritueller Bücher und Schriften.
- Zur Verbreitung der eigenen Ideale und des *sadhana* sollten kleine Gruppen gebildet werden.
- Meditiert täglich, rezitiert geistliche Gesänge, unterhaltet euch über die Aspekte spirituellen Lebens und dient einander.
- Es ist kein Kinderspiel, Asket zu werden. Ein Heiliger zu werden, dient nicht der äußeren Darstellung oder dem Wirken von Wundern, sondern der Gotteserkenntnis.
- Alles in dieser Schöpfung untersteht dem Gesetz. Die Wissenschaftler haben in der äußeren Welt die der Natur zugrundeliegenden Gesetze entdeckt. Aber tief in ihrem Inneren liegen die subtilen Regeln und Prinzipien des gesamten Universums, der Manifestation Brahmans, verborgen. Diese Geheimnisse der Natur lassen sich durch die Ausübung von Yoga und Meditation erkennen.
- Weisheit bedeutet nicht bloße Redegewandtheit. Die üblichen Gelehrten betrachten die Philosophie oberflächlich und äußerlich. *Darshana* (Philosophie) bedeutet Selbsterkenntnis. Im Vergleich dazu sind Titel und Ehren einer Universität minderwertig und trivial.
- Wenn der Mensch nicht in Gott ruht, mag es durchaus sein, dass er fallen wird.
- Steht man Alltagsdingen einsichtig, vernünftig und aufmerksam gegenüber, vermag man höhere Dinge zu erreichen.
- Arbeit ist keine Untugend. Abneigung und Schwäche sind Laster.
- Die ewige Wahrheit und die in Brahman eingebetteten

Dinge sind überall ein und dieselben. Der heilige Fluss des ewigen Gottes, inkarniert als die Kraft des Meisters, hat im Laufe der Zeitalter Heilige und Weise zum Wohle der Menschheit durchströmt. Trotz der unterschiedlichen, durch ihre jeweiligen Bräuche und Wege geprägten Religionen bleibt ihr Wesenskern derselbe, denn *dharma* ist unteilbar und ewig.

- Die Seher und Meister haben den Menschen verschiedene Wissensstufen offenbart. Ohne den inneren Bezug und die Bedeutung zu begreifen, haben wir die Wahrheiten aufgrund der üblichen *samskaras* unserer Sinne kritisiert. Das Leben und die Botschaften großer Propheten und Heiliger, die in der ganzen Welt verehrt werden, sollten jenseits aller Vorwürfe liegen.
- Die Sinne sollten beachtet und durch *Karma-Yoga* oder Kriya Yoga kontrolliert werden.
- Die Sinne der verwirklichten *sadhakas*, die sich der *prarabdhas* erfreuen, lenken ihre Konzentration nach innen, um *Hrishikesh,* den Herrn der Sinne, anzubeten.
- Wer vom Ideal des Kriya Yoga inspiriert ist, es verinnerlicht hat und nicht aufgibt, wird das höchste Ziel erreichen.
- Shiva ist der Guru von Rama, und Rama ist der Guru von Shiva. Der Konflikt liegt bei den Affen Ramas und den Geistern Shivas. Der Mensch mit seinem nach außen gerichteten Geist bleibt ein Gefangener seiner Sinne und ertränkt sich in einem Meer von Leid.
- Der rechtschaffene und vom Guru gesegnete *sadhaka* erfasst im philosophischen Gespräch die verborgene Bedeutung der Bhagavad Gita. Durch die Ausübung der

asanas, die fortwährendes Glück gewähren, werden Unruhe und Wankelmut von Körper und Geist beseitigt.
- Richtet man bei den Übungen seinen Geist auf *sushumna*, den königlichen Pfad strömender Gotteskraft, wird das Nervensystem still und ruhig werden.

ANHANG

Lebensdaten

1855	Donnerstag, den 10. Mai	Geburt
1883	19. Mai	Einweihung in den Kriya Yoga
1894	Januar	Erste Vision von Mahavatar Babaji
1895	26. September	Der *mahasamadhi* von Gurudev Shri Lahiri Mahasaya
1901		Reise nach Puri, Orissa
1903	22. März	Gründung des Karar-Ashrams
1906	an Guru Purnima	Swami Krishna Dayal weiht ihn zum Mönch
1910		Einweihung von Mukunda Lal (später Paramahamsa Yogananda) in den Kriya Yoga
1915		Mukunda Lal wird zum Mönch geweiht
1926		Hinweise auf das Verlassen seines Körpers
1932		Einweihung von Rabindranath (später Paramahamsa Hariharananda) in den Kriya Yoga

1935	Wiedervereinigung mit Yoganandaji
1935 Ende Januar	Letzte Reise nach Puri
1936 Montag, den 9. März	*Mahasamadhi*

Herausragende Schüler

Akshaya Kumar Bhattacharya
Amulyacharan Santra
Narayanchandra Gangopadhyaya
Swami Bhavananda Giri
Neelachal Chattopadhyaya
Bipin Chandra Bhuyan
Ray Atul Chandra Chowdhary
Swami Satchidananda (Matilal Mukohopadhyaya, Acharya Matilal Thakur)
Swami Satyananda Giri (Manmohan Mazumdar)
Paramahamsa Yogananda (Mukunda Lal Ghosh)
Swami Narayan Giri
Swami Paramananda Giri
Paramahamsa Hariharananda (Rabindranath Bhattacharya)

Sanskrit- Begriffe

Ashram	Einsiedelei
Ashtanga Yoga	Achtgliedriger Pfad des Patanjali, bestehend aus *yama, niyama, asana, pranayama, pratyahara, dharana, dhyana, samadhi*
Artha	Geld, materieller Besitz, Bedeutung von Worten, Konzepte
Atma	Seele
Brahmachari	Zölibatär lebender *sadhaka*, jemand, der seinen niederen Geist diszipliniert, jemand, der im Gottesbewusstsein lebt.
Brahmacharya	Zölibat, Reinheit in Körper, Geist, Worten und Gedanken, Enthaltsamkeit
Brahman	Gott, das Absolute, das unmanifestierte und manifestierte Eine, das Allerhöchste
Brahmananda	Ewige Glückseligkeit, die Glückseligkeit, die durch die Erkenntnis Brahmans erlangt wird.
Brahmarshi	Seher von Brahman, der verwirklichte *rishi*
Chakra	Die im Rückgrat und im Gehirn gelegenen Energiezentren: *muladhara* (Steißbein), *svadhisthana* (Kreuzbein), *manipura* (Nabel), *anahata* (Herz), *vishuddha* (Nacken), *ajna* (Punkt zwischen den Augenbrauen), *sahasrara* (Fontanelle).
Chaitanya	Bewusstheit, Bewusstsein
Chidabhas	Flüchtiges Bewusstwerden
Chitta	Gedächtnisaspekt des Geistes
Darshan	Anblick (eines Heiligen)
Dharma	Vorgeschriebene Pflicht, rechte und moralische Lebensweise, fortwährende Beobachtung des Atems

Dola Purnima	Ein Krishna geweihter Vollmondtag im März
Durga Puja	Festlichkeiten zu Ehren der Mutter im Herbst (September/Oktober)
Dvaita	Dualismus
Ekadashi	Der elfte Tag nach dem Neu- oder Vollmond
Guna	Eigenschaft, Qualität der Natur
Gurudev	Respektvolle Anrede eines Meisters
Guru Purnima	Vollmondtag im Juli, an dem der Geburtstag von Maharshi Vyasa gefeiert wird.
Ida	Links an der Wirbelsäule entlanglaufender Energiekanal
Japa	Gesang heiliger Mantras oder Silben.
Jiva	Das individuelle Selbst
Jnana	Wissen
Jnanavatar	Inkarnation der Weisheit
Jyoti mudra	Kriya-Technik zur Wahrnehmung des inneren Lichtes
Kaivalya	Freiheit
Kama	Wunsch
Karma	Handlung
Karmaphala	Die dem Handelnden zugeschriebene Frucht des Handelns
Kriya	Meditation
Kriyavan	Jemand, der Kriya Yoga praktiziert.
Kriya Yoga	Die höchste heilige Wissenschaft und das grundlegende Geheimnis geistiger Erleuchtung
Kshatriya	Kriegerkaste; eine der vier Kasten in Indien

Kumbha-Mela	Spirituelle Zusammenkunft von Heiligen und Weisen, die in vier verschiedenen indischen Städten stattfindet: Haridwar, Allahabad, Ujjain und Nasik
Kundalini	Geistige Energie an der Wirbelsäulenbasis
Kutastha	(„Amboss"): unveränderlich; bildlich ausgedrückt, das Seelenzentrum, der bleibende Amboss, auf dem die Lebenserfahrungen geschmiedet werden; die Stelle, an der während der Meditation das dritte Auge wahrgenommen wird.
Mahabharata	Großes mythologisches Epos; eines der beiden uralten Geschichtsbücher Indiens
Mahamudra	Yoga-Stellung zur Verbesserung zur Meditation
Mahasamadhi	Letztes und bewusstes Verlassen des irdischen Körpers verwirklichter Yogis
Mahavatar	Herabgestiegene erhabene Gottheit, eine Bezeichnung für Shri Babaji
Manusamhita	Heiliges Gesetzbuch zur rechten Lebensweise, verfasst von dem Weisen Manu
Matha	Einsiedelei, in der nur Mönche leben und meditieren.
Maya	Verschleiernde Kraft Gottes
Moksha	Befreiung, Erlösung
Muladhara	Energiezentrum an der Wirbelsäulenbasis
Mundaka Upanishad	Eine der vedischen Schriften, Teil des Atharva Veda
Nirvikalpa samadhi	Höchster durch Meditation erreichbarer Zustand

Paramahamsa	Der erhabene Schwan, die befreite Seele, der Zustand spiritueller Verwirklichung
Param purusha	Das höchste Wesen
Paravastha	Höchst bewusster meditativer Ruhezustand
Prajna	Weisheit
Prakriti	Natur, kreative Energie
Prarabdha	Die angesammelte Auswirkung vergangenen Handels, das in diesem Leben Früchte trägt.
Prana	Lebensatem
Pranava	Der kosmische Klang *aum*
Pranayama	Atemkontrolle, Unterbrechung von *prana*
Puja	Anbetung
Pandit	Gelehrter, üblicherweise in den klassischen Sprachen, wie Sanskrit
Purana	Mythologie; es gibt achtzehn Haupt- und achtzehn untergeordnete Hindu Mythologien
Purusha	Das innewohnende Selbst
Raja-Yoga	Der Königspfad der Meditation
Rajarshi	Königlicher Seher, ein König, der die höchste Stufe spiritueller Erfahrung erreicht hat.
Rajas	Aktiv, ruhelos; eine der drei Natureigenschaften
Sadguru	Ein wahrer Lehrer
Sadhaka	Jemand, der spirituelle Techniken ausübt.
Sadhana	Spirituelle Übungen
Sahasrara	Der tausendblättrige Lotos, das Scheitel-Chakra
Samhita	Schriften, die sich mit den ethischen und moralischen Lehren befassen.
Samsara	Weltliches Leben

Samskara	Neigung oder Prädisposition
Samadhi	Durch Meditation erreichte Ekstase
Sanatana	Uralt, ewig
Sanatana Dharma	Ewige Religion; uralte Bezeichnung des Hinduismus
Sankalpas	Begierden, der Wunsch nach Entschlossenheit
Sankhya	Ein von dem Weisen Kapila dargelegter Philosophiezweig; ein spirituelles System.
Sannyasa	Mönchtum
Sat chit ananda	Existenz, Wissen und Glückseligkeit; ein Name Gottes; Ekstase
Satsang	Sich in guter Gesellschaft aufhalten – mit der Seele vereinigt sein
Sattvisch	Rein, klar, ruhig, eine der drei Natureigenschaften
Seva	Selbstloser Dienst
Smriti	Erkennen, ohne zu hören, Wachsamkeit, Erinnerung, bestimmte heilige Bücher
Shambhavi mudra	Meditation mit offenen Augen und innerer Konzentration
Shravana	Monat im Hindu-Kalender
Shraddha	Glaube oder Vertrauen (in heiligen Schriften)
Shruti	Was ohne Worte gehört wird; ein anderer Name der Veden.
Sushumna	Energiekanal innerhalb der Wirbelsäule
Sutras	Aphorismen oder Sprichwörter; in knapper Versform verfasste Schriften
Svadhyaya	Selbststudium
Tamas	Trägheit, Müßiggang, Faulheit, Ignoranz, eine der drei Natureigenschaften

Tapasya	Buße, Askese
Tattva	Element
Tyaga	Opfer
Triveni sangam (prayaga)	Zusammenfluss von drei heiligen Flüssen: Ganges, Yamuna und Saraswati
Upanayana	Heilige Fadenzeremonie
Vaishakha	Indischer Kalendermonat
Vaishnava	Verehrer Vishnus
Vaishya	Geschäftsmann; die dritte der vier Kasten Indiens
Veda	Das älteste heilige Buch
Yogiraj	Bezeichnung für einen fortgeschrittenen Yogi
Zamindari	Grundbesitz

Namen und Orte

Bengali Tola	Ein vorwiegend von Bengalen bewohntes Gebiet in Kashi
Bhagavad Gita	Heiliger, aus achtzehn Kapiteln bestehender Text – ein Dialog zwischen Shri Krishna und Arjuna während der Mahabharata-Schlacht
Bhagavati Charan Ghosh	Vater von Mukunda Lal und Schüler von Shri Lahiri Mahasaya
Bhaktashram	Einsiedelei, die von Matilal in Khidirpur, Bengalen, für die Armen und Bedürftigen errichtet wurde.
Brindavan	Heiliger Ort in Nordindien, an dem Shri Krishna einen Teil seiner Kindheit verbrachte.
Cuttack	Bis 1948 die Hauptstadt von Orissa
Gandhi	Mahatma, berühmter indischer Freiheitskämpfer, bekannt als der Vater der Nation

Ganga	Heiliger Fluss, auch Ganges genannt
Gita Sabha	Eine von Swami Shriyukteshwar gegründete Organisation zur Verbreitung des Kriya Yoga
Göttin Durga	Die göttliche Mutter
Göttin Lakshmi	Göttin des Wohlstands
Guru Nanak	Spiritueller Meister, Heiliger und Familienvater, Begründer der Sikh-Religion in Indien
Haridwar	Pilgerstätte am Fuße des Himalaya am Gangesufer
Himalaya	Gebirgszug in Nordindien, Wohnsitz von Heiligen und Weisen
Ishvarachandra Vidyasagar	Gelehrter und Sozialreformer
Jagannatha	Herr des Universums, Hauptgottheit in der heiligen Stadt Puri, im Bundesstaat Orissa
Jnananandaji Maharaj	Ein weiser Mann, der Priyanath zum Mönchtum ermutigte.
Karar-Ashram	Eine von Swami Shriyukteshwar in Puri gegründete Einsiedelei.
Kashi	Die heiligste Stadt der Hindus, auch Varanasi oder Benares genannt.
Kashmir	Region in Nordindien
Khandapara	Kleiner Fürstenstaat in Puri, Orissa
Kharagpur	Stadt in der Nähe von Kolkata
Khidirpur	Stadt in der Nähe von Kolkata
Kolkata	Stadt in Westbengalen
Kshetranath	Priyanaths Vater
Lord Vishvanath	Hauptgottheit im Tempel von Kashi, Benares; ein anderer Name für Shiva

Sanskrit-Begriffe

Madanpura	Stadtteil von Kashi, in dem Shri Lahiri Baba lebte.
Mukunda Lal Ghosh	Name von Paramahamsa Yogananda vor seine Weihe zum Mönch
Neem-Öl	Bitterer, öliger Extrakt aus den Samen des Neem-Baumes
Orissa	Indischer Bundesstaat
Panchanan Bhattacharya	Fortgeschrittener Familienvater-Schüler, der zahlreiche Bücher mit Yoga-Interpretationen von Shri Lahiri Mahasaya veröffentlichte.
Paramahamsa Yogananda	Mahayogi, der den Kriya Yoga im Westen verbreitete, Verfasser der *Autobiographie eines Yogi* und zahlreicher anderer Bücher.
Pantanjali	Großer Yogi, Verfasser der Yoga-Sutras
Pathani Samanta	Auch bekannt unter dem Namen Chandrasekhara Samanta Singhara, berühmt für seine Forschungen in der Astrologie und Astronomie
Prabhavati Ghosh	Mutter von Mukunda Lal und Schülerin von Shri Lahiri Mahasaya
Pranav Gita	Yoga-Interpretation der Gita von Swami Pranavananda, einem Schüler von Shri Lahiri Mahasaya
Priyanath Karar	Name von Swami Shriyukteshwar vor seiner Weihe zum Mönch
Priyadham	Wohnhaus von Swami Shriyukteshwar, das später in eine Einsiedelei umgewandelt wurde.
Puri	Pilgerstadt in Orissa mit dem berühmten Jagannath-Schrein; eine der vier bedeutendsten heiligen Städte Indiens.

Radharaman Dev	Ein bekannter *Vaishnava* Heiliger, der viel Zeit in Puri verbrachte.
Ramakrishna Paramahamsa	Großer Heiliger des 19. Jahrhunderts, der in der Nähe von Kolkata lebte; Guru von Swami Vivekananda.
Ramanashram	Einsiedelei des großen Heiligen Ramana Maharshi in Südindien
Ramayana	Heiliges mythologisches Epos
Ranamahal	Ort in Kashi, am Ufer des heiligen Ganges
Ranchi	Ort in Indien, an dem Yoganandaji eine Schule und einen Ashram gründete
Ratha Yatra	Jährliches Wagenfest in Puri, das Juni/Juli neun Tage lang gefeiert wird.
Richard Wright	Schüler von Paramahamsa Yogananda, der mit ihm nach Indien reiste, um Shriyukteshwar zu treffen.
Sabarmati	Ashram von Mahatma Gandhi
Sakshi Gopal	Eine einige Kilometer von Puri entfernt gelegene Stadt.
Sarada Devi	Die Frau von Shri Ramakrishna Paramahamsa
Satsanga Sabha	Gesellschaft für Wahrheitssucher
Satsanga Samaj	Gesellschaft für Wahrheitssucher
Serampore	Kleine, am Ganges gelegene Stadt in Bengalen, Geburtsort von Priyanath Karar (Swami Shriyukteshwar)
Shri Chaitanya Mahaprabhu	Heiliger des 15. Jahrhunderts, geboren in Nadia; er inspirierte die Menschen, den Weg der göttlichen Liebe zu beschreiten.
Shri Shankaracharya	Hindu-Gelehrter der Advaita-Philosophie; Verfasser zahlloser spiritueller Texte in Sanskrit

Shyamacharan	Ein anderer Name für Shri Lahiri Baba
Shyamacharan Mission	Von Yoganandaji in Indien gegründete Organisation.
SRF	Self-Realization-Fellowship, von Yogananda im Westen gegründet.
Bhaskarananda Saraswati	Ein großer, von Shri Lahiri Mahasaya in den Kriya Yoga eingeweihter Swami und Gelehrter.
Swami Krishna Dayal Giri Maharaj	Der Guru, der Shriyukteshwar zum Mönch weihte.
Swami Pranavananda	Herausragender Schüler von Shri Lahiri Baba
Swami Satyananda Giri	Ein Schüler von Swami Shriyukteshwar und Yoganandas Freund aus Kindertagen
Swami Shivananda	Heiliger und Zeitgenosse von Swami Shriyukteshwar; Schüler von Shri Ramakrishna Paramahamsa
Swami Vivekananda	Schüler von Shri Ramakrishna Paramahamsa und Zeitgenosse Shriyukteshwars
Tailinga Swami	Unbekleideter Swami mit gewaltigen yogischen Kräften, der lange Zeit in Benares lebte und als Inkarnation Shivas betrachtet wird.
Vidura Math	Kloster in Puri
Walter Yeeling Evans-Wentz	Anthropologe und Schriftsteller; befasste sich mit dem Tibetischen Buddhismus.
Yogananda Satsang Society	YSS – gegründet von Yoganandaji.

Der Verfasser

Paramahamsa Prajnanananda ist zurzeit der spirituelle Leiter der internationalen Kriya Yoga-Organisationen, die von seinem Meister, Paramahamsa Hariharananda, der den Kriya Yoga auf der ganzen Welt verbreitete, gegründet wurden. Paramahamsa Hariharananda war der am weitesten fortgeschrittene direkte Schüler von Shriyukteshwar und Paramahamsa Yogananda und einer der größten verwirklichten Kriya Yoga-Meister in der Linie von Mahavatar Babaji Maharaj und Shri Lahiri Mahasaya.

Geboren in Orissa, wuchs Paramahamsa Prajnanananda in einem tief spirituellen Umfeld auf, das seine Wahrheitssuche inspirierte. Er studierte in Cuttack und wurde dort Professor für Ökonomie. Als Student begegnete er 1980 Paramahamsa Hariharananda, der ihn in den Kriya Yoga einführte und fünfzehn Jahre später zum Mönch weihte. Bereits im Alter von neununddreißig Jahren wurde er von seinem Meister zum Paramahamsa ernannt, ein Titel, der Mönchen und Heiligen vorbehalten bleibt, die den Gipfel der Verwirklichung erreicht haben.

Seine eigene unmittelbare Erfahrung, seine unermessliche Weisheit und tiefe Liebe für die Menschen machen Paramahamsa Prajnanananda zu einem leuchtenden Beispiel für den geistig Suchenden, den er führt und inspiriert, sein grenzenloses Potenzial zu erfüllen. Neben der Leitung der Haupt-Ashrams in Puri, Cuttack, Wien und Miami verbreitet er das spirituelle Wissen und die uralte Wissenschaft des Kriya Yoga, indem er überall auf der Welt Seminare und Retreats durchführt. Die von ihm gegründete Prajnana-Mission bietet kostenlose medizinische Betreuung, Internatsschulen für die Armen und ist in vielen weiteren karitativen und pädagogischen Bereichen tätig.

Paramahamsa Prajnanananda hat zahlreiche Bücher über die Wissenschaft des Yoga verfasst, praktische Anleitungen zur Anwendung der Weisheit vedischer Philosophie sowie Kommentare zu den wesentlichen heiligen Schriften und Weltreligionen. Der harmonische, neue und konfessionsungebundene Ansatz schlägt eine Brücke zwischen den östlichen und westlichen Kulturen.

Kriya Yoga

Die uralte Geschichte des Kriya Yoga ist rätselhaft und faszinierend. Ihre geheimnisvollen Ursprünge sind eine Mischung aus Mythologie, Überlieferung und Wissenschaft, die bis in die Zeit des heraufdämmernden Menschenbewusstseins zurückreichen. Die Heiligen und Weisen Indiens haben die Wissenschaft des Yoga seit jeher praktiziert und verbreitet. Beim Kriya Yoga handelt es sich um eine sehr wirkungsvolle Yoga-Wissenschaft, eine uralte Tradition, die seit Urgedenken von Sehern, Heiligen und Weisen praktiziert worden ist.

Der indischen Mythologie zufolge haben selbst Shri Rama und Shri Krishna die Kriya-Meditations-Technik ausgeübt und gelehrt. Sie wurde von den Rishis in den Upanischaden, von dem Weisen Vasishtha im Yoga Vasishtha und von Maharshi Patanjali in seinem Yoga-Sutra erklärt.

In der Bhagavad Gita (4,1) heißt es, dass Gott die Kriya-Technik zuerst Vivasvan offenbarte. Vivasvan reichte sie seinem Sohn Manu weiter, dem siebten der vierzehn Manus oder Ahnen der Menschheit. Manu übertrug sie seinem Sohn Ikshvaku, dem Begründer der ersten Königsdynastie im alten Indien. Von da an wurde die Technik vom Vater an den Sohn mündlich weitergegeben, im übertragenen Sinne vom Meister auf den Schüler. Aufgrund des geistigen Verfalls späterer Epochen schienen diese Lehren verlorengegangen zu sein. Ihre Wiederbelebung erfolgte 1861 durch den zeitlosen Mahavatar Babaji Maharani, der die Technik „Kriya Yoga" nannte.

Internationale Kriya Yoga Zentren

ÖSTERREICH: Kriya Yoga Zentrum Wien
1150 Wien, Diefenbachgasse 38/6
2523 Tattendorf, Pottendorferstrasse 69
Tel. +43 2253 8149 • Fax +43 2253 80462
kriya.yoga.centre@aon.at • www.kriya.eu

NIEDERLANDE: Kriya Yoga Centrum
Heezerweg 7, 6029 PP Sterksel
Tel. +31 40 2265576 • Fax +31 40 2265612
info@kriyayogameditatie.nl • www.kriyayogameditatie.nl

USA: Kriya Yoga Institute
Ph: +1 305 247 1960
24757 SW 167 Ave.
Fax. +1 305 2481951
Homestead, FL 33031 – 1364
institute@kriya.org • www.kriya.org

INDIEN, ORISSA: Hariharananda Gurukulum
Post. Chaittana, Balighai, Puri
Puri 750002, Tel. +91 6752 246644
missionprajnana@gmail.com

Cuttack, Nimpur p.o. Jagatpur
Cuttack 754021
Tel. +91 671 2491724
www.prajnanamisssion.org

Geheimnisvolles Ägypten
Paul Brunton
(ISBN 978-3-89427-561-7)
336 Seiten, vierfarbig

Paul Brunton war der vielleicht einflussreichste „Brückenbauer" zwischen Ost und West, zwischen Asien und Europa im 20. Jahrhundert. Er saß zu Füßen der bedeutendsten spirituellen Meister seiner Zeit und erforschte alle wichtigen Kraftplätze der Erde. Zu seinen eindrücklichsten Erlebnissen zählte er selbst seine Forschungen in Ägypten. Brunton erkundete die ägyptische Mysterienkultur zu einer Zeit, als die heutigen strengen Regeln und Vorschriften des Massentourismus noch in weiter Ferne lagen. Wer wahrhaft geistig interessiert war, fand auch jene, die ihm etwas zu sagen hatten. So erfuhr Paul Brunton mehr über das magische Ägypten, als jene jemals erfahren werden, die mit dem Reiseführer in der Hand durch das Land ziehen.

Der Weg der weißen Wolken
Lama Anagarika Govinda
(ISBN 978-3-89427-619-5), 456 Seiten
**Erlebnisse eines
buddhistischen Pilgers in Tibet**

Es gibt inzwischen zahllose Veröffentlichungen über Tibet ? aber kein anderes Buch reicht an Lama Govindas autobiographisches Meisterwerk heran. Es lässt nicht nur das alte, von den Chinesen zum Teil zerstörte Tibet wiederaufleben, es öffnet vor allem den unverstellten Blick auf die tibetische mystische Tradition und die geistige Größe ihrer herausragenden Lamas. Als Schüler des legendären Tomo Geshe Rimpoche wird Lama Govinda in die esoterische Tradition Tibets initiiert und kann, mit dem Segen seines Meisters, die verborgenen mystischen Orte Tibets aufsuchen.

Die Essenz dieses Werkes reicht jedoch weit über den Tibetischen Buddhismus hinaus. Lama Govinda beschreibt die Erfahrungen auf dem zeitlosen mystischen Pfad, dessen Gesetze universell und dessen Einsichten allgemeingültig sind.